"一带一路"系列丛书

"一带一路"
国别概览

希腊

李向阳　总主编

黄宇红　夏承禹　编著　　赵亚力　审定

大连海事大学出版社

ⓒ 黄宇红　夏承禹　2018

图书在版编目(CIP)数据

希腊 / 黄宇红，夏承禹编著. — 大连：大连海事大学出版社，2018.9

("一带一路"国别概览 / 李向阳总主编)
国家出版基金项目
ISBN 978-7-5632-3708-1

Ⅰ.①希… Ⅱ.①黄… ②夏… Ⅲ.①希腊-概况 Ⅳ.①K954.5

中国版本图书馆CIP数据核字(2018)第220142号

大连海事大学出版社出版

地址：大连市凌海路1号　邮编：116026　电话：0411-84728394　传真：0411-84727996
http://www.dmupress.com　E-mail:cbs@dmupress.com

大连海大印刷有限公司印装	大连海事大学出版社发行
2018年9月第1版	2018年9月第1次印刷
幅面尺寸：155 mm × 235 mm	印数：1～3000册
印张：10.25	字数：152千
出　版　人：徐华东	项目策划：徐华东
责任编辑：董洪英	责任校对：王　琴
装帧设计：孟　冀　解瑶瑶　张爱妮	

ISBN 978-7-5632-3708-1　　　　　　　　　　　　　　定价：51.00元

"一带一路"国别概览

丛书编委会

▶ **主　任**　李向阳

▶ **副主任**　徐华东　李绍先　郑清典　李英健

▶ **委　员**　李珍刚　姜振军　张淑兰
　　　　　　尚宇红　黄民兴　唐志超
　　　　　　滕成达　林晓阳　杨　淼

总序

　　2013年秋，国家主席习近平在哈萨克斯坦和印度尼西亚出访期间，先后提出共建"丝绸之路经济带"和"21世纪海上丝绸之路"的倡议，倡导共商、共建、共享理念，得到国际社会广泛关注和积极响应。"一带一路"倡议旨在积极发展与沿线国家的经济合作伙伴关系，共同打造政治互信、经济融合、文化包容的利益共同体、命运共同体和责任共同体。

　　"一带一路"倡议源自中国，更属于世界，它面向全球、陆海兼具、目的明确、路径清晰、参与方众、反响热烈。五年间，"一带一路"倡议从理念转化为行动，从愿景转变为现实，在顶层设计、政策沟通、设施联通、贸易畅通、资金融通、民心相通等方面都取得了显著的成果，为实现世界共同发展繁荣注入推动力量、增添不竭动力。目前，我国已与100多个国家和国际组织签署了共建"一带一路"合作文件。共建"一带一路"倡议及其核心理念被纳入联合国、二十国集团、亚太经合组织、上合组织等重要国际组织成果文件。

　　"一带一路"沿线国家地理地貌、风俗人情、经济发展、投资环境各不相同，极有必要对其进行系统的介绍和分析。此外，目前针对"一带一路"沿线国家的研究仍不够深入，缺少系统、整体的研究资料。大连海事大学出版社组织策划的"'一带一路'国别概览"丛书（首批65卷）适逢"一带一路"倡议提出五年后下一个阶段深入推进的需要之时，也填补了国内系统地介绍"一带一路"沿线国家国情的学术专著的空白，获得了国家出版基金项目资助，并入选教育部全国高校出版社主题出版选题。

　　"'一带一路'国别概览"丛书（首批65卷）联合中国社会科学院、北京大学、山东大学、宁夏大学、广西民族大学、上海对外经贸大学、黑龙江大学等多家高校及研究机构编写，并组织驻"一带一路"沿线65个国家的前大使对相关书稿进行审定。本套丛书不仅涵盖了各国地理、简史、政治、军事、文化、社会、外交、经济等方面的内容，突出了各国与丝绸之路或海上丝绸之路的历史渊源，力争为读者提供全景式的国情介绍,还从"一带一路"政策出发,引用实际案例详细阐述了中国与各国贸易情况及各国的投资环境,旨在为"一带一路"的推进提供强大的智力支持,加快科技成果转化,促进合作人才培养,帮助我国"走出去"的企业有效地防控风险,从而全方位地助推"一带一路"建设。

"'一带一路'国别概览"丛书(首批65卷)的顺利出版得益于大连海事大学出版社的精心策划和组织,也凝聚着百余位相关领域专家学者的心血,在此深表感谢。

国家主席习近平曾深情地说:"'一带一路'建设承载着我们对美好生活的向往,将把每个国家、每个百姓的梦想凝结为共同愿望,让理想变为现实,让人民幸福安康。"我们也希望本套丛书可以为"一带一路"建设架起一座沟通的桥梁,推动"一带一路"倡议在沿线国家向更深远和平稳的方向发展。

"'一带一路'国别概览"丛书编委会

2018年6月

前言

　　希腊是世界文明古国之一。古希腊拥有灿烂的文化，是西方文明的摇篮；还是西方哲学、文学、历史学、政治学、天文学和数学原理的发源地，西方民主制度的发源地，西方戏剧和奥林匹克运动会的发源地。在历史上，古希腊对欧、亚、非三大洲的发展有过重大的影响。

　　中国与希腊虽远隔万里，但两国的交往在史籍中早有记载。早在公元前4世纪，中国丝绸就已经运往希腊，希腊人民因此给中国起了一个美丽的名字——"丝之国"。中华人民共和国成立后，希腊船东率先冲破封锁，给中国人民运送了急需的物资和设备，对中华人民共和国成立后的发展给予了宝贵支持。1972年6月5日，中国与希腊建立大使级外交关系。建交以来，中希两国友好合作关系稳步发展，双方理解日益加深，政治互信不断增强。2013年9月，习近平主席出访哈萨克斯坦，在纳扎尔巴耶夫大学提出共同建设"丝绸之路经济带"；同年10月，习近平在印度尼西亚提出共同建设"21世纪海上丝绸之路"。在中国的"一带一路"建设中，希腊是中国重要的建设伙伴。中国提出的"一带一路"倡议和欧盟海洋战略、欧洲各国的海洋战略有效对接，希腊将会成为中国到欧洲的重要门户、中国-中东欧合作的桥头堡。

　　为了帮助读者了解和认识希腊的国情及其在"一带一路"建设中的地位、作用和意义，了解和熟悉中希两国在政治、外交、经贸、文化等各方面的交往，特别是经贸方面的合作现状及前景，为促进"一带一路"建设尽微薄之力，编者收集整理了有关希腊各方面的资料，编著成本书，以期对希腊做一比较全面、客观而简明扼要的介绍。本书分上、下篇。上篇为希腊国情的总体介绍，共分八章，概要介绍了希腊的地理、简史（包括古希腊文明史）、政治、军事、文化、社会、外交、经济；下篇分四章，重点描述和深度分析了希腊主权债务危机、中希经贸合作、中国对希腊的投资，以及对中远集团收购比雷埃夫斯港案例的分析。

  本书的主要特点是：资料翔实，论述客观、简明扼要、重点突出，并从希腊国情的实际出发，在内容和结构上有所突破和创新，如对古希腊文明史的介绍、对希腊主权债务危机的深度分析，以及对中远集团收购比雷埃夫斯港案例对"一带一路"建设重要意义的分析等。

  武汉工程大学法商学院的周明、董思宇和尹婷参与了本书的编写工作。本书有部分内容参考了有关单位或个人的研究成果，均已在参考文献中列出，在此一并致谢。

  由于时间紧迫，资料缺乏，再加上编者水平有限，错漏之处在所难免，望读者予以谅解并不吝指正。

编　者

2018年6月

目 录

上篇

- 第一章 地理 3
  - 第一节 地理位置与气候 3
  - 第二节 地势地貌 4
  - 第三节 自然资源 5
  - 第四节 行政区划 5
- 第二章 简史 10
  - 第一节 古代希腊 10
  - 第二节 拜占庭和奥斯曼帝国统治时期 17
  - 第三节 近现代希腊 17
- 第三章 政治 21
  - 第一节 国家标志 21
  - 第二节 宪法 23
  - 第三节 政党 23
  - 第四节 议会与司法机关 25
  - 第五节 国家主要领导人 27
  - 第六节 政府 28
  - 第七节 政治制度 29
- 第四章 军事 33
- 第五章 文化 35
  - 第一节 语言文字 35
  - 第二节 文学与艺术 36
  - 第三节 古希腊哲学 43
  - 第四节 古希腊史学 44
  - 第五节 古希腊的道德伦理 45
  - 第六节 希腊精神 46

第六章　社会 48
第一节　人口、民族与宗教 48
第二节　传统风俗 49
第三节　体育运动与新闻出版 52
第四节　社会保障 53
第五节　移民与难民 53
第六节　科技教育 56

第七章　外交 61
第一节　对外政策 61
第二节　对外关系 63

第八章　经济 68
第一节　概述 68
第二节　第一产业 68
第三节　第二产业 70
第四节　第三产业 72
第五节　对外贸易 80

下篇

第九章　希腊主权债务危机 85
第一节　危机演变过程 86
第二节　危机形成原因 90

第十章　中希经贸合作 98
第一节　中希经贸合作历史 98
第二节　中希经贸合作基础 99
第三节　中希经贸合作现状 101
第四节　中希经贸合作特点 103
第五节　"一带一路"与中希经贸合作 107

第十一章　中国对希腊的投资 111
第一节　中国政府购买希腊国债 112
第二节　中国企业在希腊的投资 113
第三节　中国居民在希腊的房产投资 119

第四节　在希腊投资的风险 …………………………………… 120
　　第五节　希腊对外国投资的法规和政策 ………………………… 123
第十二章　案例：中远集团收购比雷埃夫斯港 ………………… 136
　　第一节　收购比雷埃夫斯港回顾 ………………………………… 136
　　第二节　收购比雷埃夫斯港的意义 ……………………………… 140

参考文献 ……………………………………………………………… 146

上篇

第一章 地理

希腊全国总面积为131 957平方千米，希腊版图包括北部的希腊大陆、南部的伯罗奔尼撒半岛和约3 050个岛屿（只有约200个岛屿有人居住），岛屿总面积为2.48万平方千米。海岸线长15 021千米，领海宽度为6海里[①]。

第一节　地理位置与气候

一、地理位置

希腊位于欧洲东南部的巴尔干半岛最南端，北部与保加利亚、马其顿、阿尔巴尼亚相邻，东北与土耳其的欧洲部分接壤，西南濒伊奥尼亚海，东临爱琴海，南隔地中海与非洲大陆相望。希腊地处连接欧洲、亚洲和非洲三大洲的十字路口，是东西方文化交汇、融合的门户，地理位置十分重要。

二、气候

希腊全境除高山外，基本都属于地中海型气候。夏季炎热干燥，平均温度25～28 ℃；冬季温和湿润，1月份从北到南平均气温5～11 ℃。降雨集中在冬季，受地形影响，品都斯山脉以西降雨较多，年降雨量1 000毫米左右；东部降雨较少。

---

① 相关数据主要参考中国地图出版社2017年1月修订版《希腊地图册》。

希腊是一个受游客青睐的旅游胜地，素以空气清新、气候宜人著称。这里山海相依，阳光灿烂，树木常青，遍地都是橄榄、香蕉、葡萄等果树，百里香、黄日光兰、金雀花开满谷地。每年4—6月、9—10月是最适合到希腊旅游的季节，七、八月是海滨度假旺季。

第二节　地势地貌

希腊大陆部分三面临海，河流窄小短促，海岸线曲折。其自然地理特点是：海洋环绕着群山，间或夹杂着谷地和平原，海岸线绵延曲折，有多处深入内陆的海湾。内陆地形的基本特征是：西北高，东南低，盆地和平原多被山地分割得支离破碎，沿海地势多较平缓。希腊境内多山，3/4的陆地为山地，沿海有低地平原。希腊最低点海平面高度为0米。品都斯山脉纵贯希腊西部，中部为色萨利盆地。

希腊多半岛、岛屿，岛屿面积占全国土地面积的18.8%，总共有大小岛屿约3 050个。其中最大半岛是伯罗奔尼撒半岛，最大岛屿为克里特岛，比较著名的岛屿还有克基拉岛、纳克索斯岛、锡拉岛、米洛斯岛、卡尔帕索斯岛和罗得岛。其中，克里特岛上有古希腊的克诺索斯宫殿遗址，该宫殿的主人是米诺斯王，他曾称霸地中海，是希腊最早的立法者和最早的海军统帅；米洛斯岛是一座比较富裕的岛屿，自古以来就以丰富的矿藏而闻名；卡尔帕索斯岛是一个多风的岛屿，从西北部吹来的风一年四季都不停歇，被称为"风之岛"；罗得岛又称为"蝴蝶岛"，岛上有罕见的蝴蝶谷，生活着上万只蝴蝶。

希腊境内最著名的山是奥林波斯山。奥林波斯山位于希腊北部，该山的米蒂卡斯峰海拔2 917米，是希腊的最高峰。奥林波斯山长年云雾缭绕，山顶一年中有2/3的时间被积雪覆盖。山坡上橡树、梧桐树和松树郁郁葱葱，景色十分优美。古希腊人把奥林波斯山尊奉为神山，该山在希腊神话中被认为是诸神寓居的地方，传说中主神宙斯、天后赫拉、海神波塞冬、智慧女神雅典娜、爱与美的女神阿佛洛狄忒（罗马神话中称"维纳斯"）等均在山上居住。

第三节　自然资源

一、矿产及能源资源

希腊的主要矿产有褐煤（储量58亿吨）、铝矾土、镍、铬、镁、石棉、铜、铀、金、石油、大理石等。褐煤主要产自西马其顿和伯罗奔尼撒，其中西马其顿矿区产量约占全国褐煤产量的75%。希腊石油储量约为100万吨，主要产于北爱琴海萨索斯岛的普利诺斯油田。根据希腊能源部公布的消息，伊奥尼亚海和克里特海海域蕴藏着丰富的油气资源，估计石油储量有2.5亿桶。希腊铝土矿储量较大，约10亿吨，但属于中低品位的水软铝石和水硬铝石类型。希腊的太阳能和风能等可再生资源极为丰富。

二、动植物资源

希腊是欧洲生物多样性最丰富的国家之一。希腊的主要动物资源有猕猴、灵猫、鹈鹕、蜥蜴、梅花鹿、海龟、黑秃鹫、细嘴杓鹬、棕熊、狼和猞猁等，水生动物资源主要有鲈鱼和鲷鱼。

希腊的主要木本资源有橄榄树、葡萄树（藤）、柑橘树、苹果树、香蕉树、月桂树、没药树、柏树、杨树、椴树等；花卉类主要有桃金娘、三角梅、迷迭香、百里香、薄荷、灯芯草、金盏花、银莲花、玫瑰花、番红花、向日葵、水仙花、风信子、睡莲、蜘蛛兰、秋牡丹等。

第四节　行政区划

希腊宪法规定，国家行政管理根据分权原则进行组织。自1986年以来，希腊分成了不同的行政区划，大致有行政大区、州和市镇三级，这些区划组成了国家分权管理的行政单位。希腊全国分为13个行政大区、51个州。希腊各大区及其首府名称如表1-1所示。

表1-1 希腊13个行政大区及其首府名称

大　区	首　府
阿提卡	雅典
中马其顿	塞萨洛尼基
色雷斯-东马其顿	科莫蒂尼
伊庇鲁斯	约阿尼纳
西马其顿	科扎尼
色萨利	拉里萨
中希腊	拉米亚
西希腊	帕特雷
伯罗奔尼撒	特里波利斯
伊奥尼亚群岛	克基拉
北爱琴海	米蒂利尼
南爱琴海	埃尔穆波利斯
克里特	伊拉克利翁

下面简要介绍其中几个大区的概况：

一、阿提卡大区

阿提卡大区位于希腊中东部，北接中希腊大区，西接伯罗奔尼撒大区，南濒米尔托翁海，东隔爱琴海，与南爱琴海大区的岛屿相望。在地理上，它是一个伸入爱琴海的半岛。该区地形多样，以丘陵和平原为主。气候为典型的地中海型气候。

阿提卡大区只设立了阿提卡1个州，下属4个辖区，即大雅典、比雷埃夫斯、东阿提卡和西阿提卡。希腊首都雅典为该区经济中心；埃莱夫西纳为重工业基地；比雷埃夫斯为雅典外港，也是希腊第一大海港。

(一) 雅典

雅典是希腊的首都、阿提卡大区的首府，也是希腊最大、经济最发达的城市。雅典拥有灿烂的古文化，是希腊的文化中心，古迹和遗址比比皆是。雅典除了闻名世界的雅典卫城之外，还有世界上最古老的狄俄尼索斯酒神剧场、历史上有名的古市场等。由于拥有悠久的历史，雅典于1834年被设为希腊的首都。此外，雅典于1896年举办了首届现代奥运会。

(二) 比雷埃夫斯

比雷埃夫斯建在临海的半岛上，在雅典西南10千米处，与雅典毗邻，是希腊最大的港口，自古就是雅典海上贸易的门户。同时，比雷埃夫斯还是希腊重要的工业区，拥有造船业、化工业、冶金业、机械业、纺织业等。

二、伯罗奔尼撒大区

伯罗奔尼撒大区位于希腊南部的伯罗奔尼撒半岛，伯罗奔尼撒半岛以狭窄的科林斯地峡与希腊其他大陆地区相连。该地区地形多山，最高的山峰为圣伊利亚山，海拔2 407米。仅沿海分布小块平原。河流短小。属地中海型气候。

伯罗奔尼撒大区共设立5个州：科林西亚州、阿尔戈利斯州、阿卡迪亚州、麦西尼亚州和拉科尼亚州。此大区著名的城市有斯巴达、纳夫普利翁等。

(一) 斯巴达

斯巴达市位于伯罗奔尼撒半岛南部的一个巨大河谷和平原地区中心。早在公元前16—前12世纪的迈锡尼时代，斯巴达就已经是一个相当发达的城邦。这里土地肥沃，适宜耕种；三面环山，易守难攻；南面大海，便于海内外交流，当年征讨特洛伊的强大的希腊舰队就是从这里的港口出发的。公元前700年左右是斯巴达的鼎盛时期。当时，它建立了完善的军事社会体系，其特点是崇尚武力和体育。公元前5世纪，斯巴达与雅典是当时希腊两个最发达的城邦，它们为争夺古希腊的霸主地位进行了长达一个世纪的争斗。当时雅典城邦已开始形成人类最早的民主制度,而斯巴达依然保持着特有的原始军事社会制度。人们从孩提时代开始便接受几近残酷的、严格的体能和军事训练;成年人每天都要进行体能和军事训练,并成为常备兵员。因此,斯巴达拥有希腊当时最勇猛、最具战斗力的军队。在此期间,人们在这一地区建立了强大的卫城,修建了阿尔忒弥斯神庙、阿波罗神庙和墨涅拉俄斯国王庙等。然而,战争、地震和岁月的侵蚀已使这些建筑毁坏。现在的斯巴达是1834年重建的。在斯巴达市的考古博物馆中,陈列着一些公元前5世纪的雕像,其中一个古代大理石头像据说是列奥尼狄斯国王的雕像;这里保存的最精美的文物是一些公元3—4世纪罗马时期的马赛克镶嵌画,描绘了骑海豚的阿里昂、身着女装的阿喀琉斯等神话人物及其故事等。

(二)纳夫普利翁

纳夫普利翁是希腊大陆上最漂亮的城市之一,也是著名的避暑胜地。其位于伯罗奔尼撒半岛东北部,背依高山,南临爱琴海,距雅典市148千米。该城有3 200年的历史,公元前3世纪中叶被废弃;中世纪曾先后被威尼斯人和奥斯曼帝国占领。城内有拜占庭、高卢、威尼斯、土耳其风格的建筑,还有一些与19世纪初希腊独立战争有关的遗址。市南山丘上的帕拉米蒂城堡是希腊最大的典型的要塞式城堡。在希腊独立后的1823—1834年,纳夫普利翁曾作为希腊的首都。1833年2月5日,希腊的第一任国王奥托曾光临此城,城内的圣约翰教堂至今仍保存着当年国王的王座。城中的天主教堂墓地埋葬着独立战争中阵亡的烈士,包括美国首任总统华盛顿的侄子;城内的古斯普里顿教堂旁,人们还保留了希腊独立后第一位总统卡波迪斯特里亚斯遭暗杀地点的弹迹。

❖ 三、西希腊大区

西希腊大区包括伯罗奔尼撒半岛西北部和希腊大陆的西南部,首府为帕特雷。西希腊大区1987年才成立,主要是为了发挥希腊第三大城市帕特雷的辐射作用,带动周边地区的发展。该地区南北两部分中间隔着帕特雷湾,地形以山地为主,沿海有小块平原;最长的河流为阿谢洛奥斯河,是希腊第二大河。

第一章　地理

帕特雷是希腊第三大城市和第二大港口，是希腊最重要的经济中心之一。帕特雷位于伯罗奔尼撒半岛北部海滨，距雅典220千米，高速公路和铁路将其与雅典相连，港口和海上运输使其直达意大利和西地中海各国，新修建的跨海大桥将其与希腊北部连在一起，交通十分便利。帕特雷历史悠久，早在迈锡尼时期，就成为来自北方的阿卡亚人的活动中心。公元前5世纪，帕特雷成为古希腊重要的城邦、通商口岸和中心。虽然帕特雷的卫城已不复存在，这里的古剧场却独具特色，是希腊最大的用砖砌成的罗马式建筑。帕特雷还是基督教在希腊最早传播到的地方之一。耶稣的弟子安德烈曾多次来这里传教，并在这里殉教。这里的圣安德烈亚斯教堂中仍保留着他的头骨和他佩戴过的十字遗物。此外，希腊最早的也是最大的葡萄酒厂也坐落在帕特雷市郊。

第二章 简史

对希腊历史的研究传统上包括对希腊人及其统治的地域，以及今天希腊国土内地区的历史的研究。希腊人的居住地在历史上有较大的变动，每一个时期居住的地域范围都有所变动。

第一节 古代希腊

古希腊文明既属于古代世界，又属于现代世界。它继古老的东方文明之后而居上，放射出了熠熠的历史光辉，成为当时世界文明的中心与顶峰；由它所建立并被学界所称的"希腊精神"，已经超越了时空，在西方乃至世界被发扬光大，成为光照后世、难以泯灭的历史遗产。古希腊人在文学、哲学、戏剧、雕塑、建筑等诸多方面有很深的造诣。由于古希腊文明对罗马帝国有过重大影响，罗马帝国又将希腊文明吸收并带到环地中海和欧洲的许多地区，因此，历史学家认为，古希腊文明为西方文明的形成和发展奠定了基础，是西方文明的摇篮和先驱。正如德国著名哲学家黑格尔所说："一提到希腊这个名字，在有教养的欧洲人心中，自然会引起一种家园之感。"19世纪初期的英国浪漫主义诗人雪莱曾说过："我们全是希腊人的；我们的法律，我们的文学，我们的宗教，我们的艺术，根源都在希腊。"

古希腊文明作为西方文明的摇篮，曾在很长一段时间内不为人知。直到19世纪末，在爱琴海地区进行的系统的考古研究才揭开了它的面纱。考古发掘的证据表明，约在公元前6000年，爱琴海地区进入新石器时代；公元前3000年左右，爱琴海地区进入早期青铜时代；公元前2000年左右，爱琴海地区进入中、晚期青铜时代。古希腊的文明史大致分为以下五个阶段：

（1）公元前30—前12世纪为爱琴文明时代（或称克里特-迈锡尼文明时代）；

（2）公元前11—前9世纪为黑暗时代（或称荷马时代、英雄时代）；

（3）公元前8—前6世纪为城邦文明时代（或称古典时代、古风时代、殖民时代）；

（4）公元前5世纪—前4世纪中期为黄金时代（或称繁荣时代、鼎盛时代）；

（5）公元前4世纪晚期—前30年为希腊化时代。

一、爱琴文明时代

爱琴文明是公元前30—前12世纪，在爱琴海区域，包括克里特岛、爱琴海各岛屿、西亚和小亚细亚（今土耳其）西部等地区在内存在过的一种文明，其代表是克里特、迈锡尼两个部落文化。

现代考古发现，位于地中海东部的克里特岛是古希腊文明的发源地、欧洲最早的古代文明中心。公元前30世纪末，克里特原始社会逐渐解体。约公元前2000年，克里特岛开始进入青铜时代并出现了奴隶制国家。克里特岛沿海一带建立了许多城市，其中位于该岛北部的克诺索斯是比较大的一个城市，由于该市的地理优势和对外交流发展，逐渐形成了以该市为中心的欧洲最早的奴隶制国家。公元前1800年左右，克诺索斯等城市出现了大量的王宫建筑，标志着克里特岛进入"旧王宫时期"，并一直延续到公元前1700年。后来，高度组织化的米诺斯人重建了宫殿，克里特岛进入"新王宫时期"（公元前1700年—前1470年）。因此，克里特文明又称米诺斯文明。米诺斯文明在当时的政治、经济、艺术等方面都达到了顶峰，米诺斯王宫则成为神奇辉煌的米诺斯文明的代表作。米诺斯人擅长航海，海外贸易兴盛，与希腊大陆、埃及、西亚甚至两河流域等地都建立了贸易关系。为确保海上运输安全，米诺斯人还建立了一支所向披靡的舰队，称霸地中海地区。米诺斯人称霸地中海地区的盛况在米诺斯的绘画、雕刻、印章等许多艺术品上都有所反映。历史上把这一时期的米诺斯称为"米诺斯霸国"。米诺斯文明具有鲜明的特点：（1）生产方式水陆并重，海上文明与大陆文明并存；（2）社会成员地位较为平等，包括男女享有同等地位，克里特村社成员的经济、社会地位较为平等；（3）宗教在社会生活中的影响较小，如王宫中用作礼拜的房子较小，祭品很少用人或动物，多为农产品。据传，公元前1400年左右，米诺斯王国或许是被大陆希腊人占领而突然消失，或是被克里特岛附近的火山爆发及其引发的海啸所摧毁而衰亡。米诺斯文明因此由克里特岛转到希腊本土的迈锡尼地区。

迈锡尼文明出现在希腊青铜时代晚期，出现在公元前1600—前1100年，因伯罗奔尼撒半岛的迈锡尼城而得名。公元前2000年左右，迈锡尼人开始在巴尔干半岛南端定居，到公元前1600年才成立王国。在公元前1600年前后，希腊部落中的阿卡亚人自巴尔干半岛北部南下，进入希腊半岛中部和南部，征服了当地的土著居民，创建了以迈锡尼城邦为代表的迈锡尼文明。迈锡尼文明的范围，包括希腊半岛中部和南部，以及克里特岛和爱琴海上的一些岛屿。在迈锡尼文明时期，希腊半岛上出现了许多奴隶制城邦国家，主要有迈锡尼、雅典、皮洛斯等。迈锡尼人曾受到克里特文明的影响，但后来其军事力量超过了克里特人。公元前1450年左右，迈锡尼等地的希腊人渡海占领了克里特岛和克诺索斯，并掌握了克里特岛的统治权。迈锡尼文明继承并发展了克里特文明。

迈锡尼城邦内部组织严密，国王是最高统治者，总揽大权。国王以下是将军、侍从和各级官吏。当时社会的基本组织是公社，长老为公社首领，负责征收税款，征集徭役等事务。公元前1100年，迈锡尼文明走向末路，被来自希腊另一部落的多利亚人所灭。

二、黑暗时代

公元前11—前9世纪，多利亚人的南下引起了古希腊各部落的大迁徙。迈锡尼时代的王宫、王陵消失了，精美的手工制品也不见了踪迹，迈锡尼文明被当时遍及希腊各地的氏族制度所淹没，希腊历史的发展经历了一个短暂的曲折过程——黑暗时代。在此期间，盲人荷马创作的《荷马史诗》，即《伊利亚特》《奥德赛》，通过描写小亚细亚富庶城市特洛伊的"英雄"们的故事，反映了希腊人从原始社会向奴隶社会过渡的情况。因此，历史上把《荷马史诗》反映的公元前11—前9世纪称为荷马时代或英雄时代。这一时代的主要社会特征有：一是铁器的出现。这标志着荷马时代生产力发展水平的提高。二是氏族内部产生分化。部落首领变成氏族贵族，拥有大批土地、畜群和其他财物，并开始剥削他人的劳动，而失去土地的氏族普通成员逐渐走向贫困。三是奴隶制社会形成。奴隶主最初来自氏族贵族，而奴隶的主要来源是战俘，战俘失去人身自由后沦为奴隶，必须为主人从事各种劳动。奴隶主则把奴隶视为私有财产，可以任意处置甚至处死。四是部落内部实行军事民主制度。各氏族族长组成"议事会"，作为氏族贵族会议的常设性机构，经常讨论决定各种大事。同时设立部落的最高权力机构"人民大会"，通常在战争的紧要关头召开，由贵族主持，部落的全体成年男子参加。部落的军事首领（巴赛勒斯）原则上通过选举产生（事实上已逐渐世袭），主要职权是统率军队和领导作战，并掌管宗教祭祀。

三、城邦文明时代

　　城邦由四周有一圈土地环绕的村落或城镇，逐渐发展为拥有各自政府和军队的城市，就像一个独立的邦国。所以史学家称之为城邦。城邦是一种规模有限，独立自治，并得到其公民的最高忠诚的共同体，是让自由公民不具约束地表达意志的自治社会。古希腊人喜欢加入城邦，欧洲民主政治的原型就是从这些城邦里萌生的。城邦的兴起和发展，给古希腊文化的繁荣带来了不可估量的影响，它标志着古希腊文明的重新开始。荷马时代之后，公元前8—前4世纪，希腊人不仅在当地和小亚细亚海岸先后建立起许多奴隶制城邦，而且通过海外殖民活动在殖民地建立了许多城邦。因此以城邦兴起和发展为文明标志的这一时期，有的史书称之为"古典时代""古风时代"，有的则称之为"殖民时代"。

　　古希腊城邦的产生，主要是因为生产力的发展、自然条件的多样性和人们生产事业的多样性。各地自然条件的不同，使人们从事着不同的生产事业。例如，沿海的人们以从事航运、贸易、工商业为主；平原和盆地的人们以种植大麦、小麦等粮食作物为主；山区的人们则以从事畜牧业或栽种葡萄、橄榄为主。这种经济上的多样性为各式各样的城邦的形成奠定了基础。这一时期数以百计的城邦的出现成为古希腊文明的重要特征。

古希腊城邦国家的形成有三大要素：城市、国家机器、公民大会（或公民公社）。所谓城邦国家，即以一个城市为中心，使周围若干村镇附属于城市国家的统治之下。这些城邦，地方不过百里，人口少则数万，最多不过数十万，具有小国寡民的特色。古希腊先后建立过二百多个城邦，其中比较著名的城邦有：南希腊的斯巴达、科林斯和阿果斯；中希腊的雅典与特尔斐；小亚细亚西部沿岸的米利都和爱非斯。当时最著名、最重要的城邦国家是斯巴达和雅典。

城邦的主要特点：一是各城邦原则上都是独立自主的实体，但各城邦之间经常实行政治、军事方面的结盟；二是各城邦虽未统一，但都自称"希腊人"，语言文字、宗教活动、社会习俗、文化传统等基本一致；三是在政体上虽然有贵族共和、贵族寡头和君主制等不同形式，但在各城邦建立之初，多由氏族贵族独揽大权；四是每个城邦的生活以及直接影响人们生活的政治、经济、宗教、文化活动都集中在城市中心，城邦的居民们联系紧密，而且每个城邦都把"公民权"作为参与城市生活的一种独特的宝贵的条件，也是城邦中那些获得"公民"身份的人的一种巨大的特权和重大的责任。因此，城邦成为当时每个公民施展才华的广阔天地，成为富有活力并创造辉煌历史的生活源泉。

四、黄金时代

公元前5世纪—前4世纪中期，希腊许多城邦呈现出一派生机盎然、欣欣向荣的景象。在这一时期，希腊文化不仅在文学、艺术、哲学、史学、自然科学等领域出现了全面繁荣，而且希腊人在其他各个领域都创造出令古今惊异的、充满理性文化的知识成就。其中，最典型的代表就是雅典城邦。因此，这一时期被史学家称为古希腊文明史中的"黄金时代""繁荣时代""鼎盛时代"。然而，黄金时代的城邦也出现了比较严重的负面问题：公民强烈的爱国心与狭隘的地方主义之间产生矛盾，各城邦在独立自主和互相合作之间产生矛盾，这些矛盾越来越尖锐，导致各城邦渐渐卷入破坏性的城邦间争斗，城邦变得越来越不稳定，最终成为外部强敌入侵的牺牲品。

公元前546—前525年，波斯统治了小亚细亚半岛、埃及和巴比伦，以及部分印度河流域。公元前522年，大流士成为波斯国王，他平定内乱，建立了强大的军队。公元前492年，大流士率军进攻希腊，挑起史上的"希波战争"，但以失败告终。公元前480年，波斯国王薛西斯（大流士之子）派兵入侵希腊。希波战争持续时间为公元前500—前449年，经过公元前490年的马拉松战役，公元前480年6月的温泉关大战，公元前480年9月的萨拉米海战，希腊人最终赢得了胜利。与此同时，希腊人也因此获得了自由、独立与和平，希腊奴隶制经济从此进入鼎盛阶段，雅典城邦的民主政治也得到了进一步发展和完善。民主政治为雅典公民聪明才智和主观能动性的充分发挥提供了可能，使雅典城邦在政治、经济和思想文化方面成为古希腊文明的典范。这个时期诞生了大批彪炳史册的政治家、哲学家、戏剧家、史学家、美术家等，他们为人类文明的发展做出了卓越的贡献。

五、希腊化时代

公元前431—前404年，以雅典城邦为首的提洛同盟与以斯巴达城邦为首的伯罗奔尼撒联盟，为争霸希腊而爆发了一场伯罗奔尼撒战争。其间双方曾几度停战，最终斯巴达获得胜利。在这场战争中，希腊数百个城邦卷入了规模空前的"希腊世界大战"，战火几乎波及当时整个地中海文明世界。战争给希腊人民带来了深重的灾难，激化了阶级矛盾，使城邦出现危机并逐渐走向衰落。公元前338年，希腊全境被马其顿王国征服和统一。马其顿国王亚历山大大帝于公元前334年开始远征，又征服了西亚和北非的广大地区。

亚历山大大帝（公元前356—前323），世界古代史上著名的军事家和政治家。从20岁即位到33岁去世，13年间他建立了一个东起印度河流域、西到意大利半岛南部和西西里岛的庞大的马其顿帝国，征服面积约500万平方千米，马其顿帝国成为当时世界上领土面积最大的国家。亚历山大大帝在短短的13年时间里，促进了古希腊文化的繁荣发展和东西方文化的交流与融合，并且鼓励民族间通婚，倡导民族间地位平等，对人类社会文化的进展产生了重大的影响。他的远征使古希腊文明得到了广泛传播。随着马其顿的兴起以及对希腊本土的控制，亚历山大大帝的东征以及对西亚和北非广大地区的征服，开辟了古代地中海东部历史的新时期。通行古希腊语的世界历史分三个时期：第一个时期，即自由城邦时期，它因亚历山大的统治而告终；第二个时期，即希腊化国家时期，它以罗马吞并埃及而告终；第三个时期，即罗马帝国时期。英国哲学家罗素曾经这样概述：第一个时期的特点是自由与混乱；第二个时期的特点是屈服与混乱；第三个时期的特点是屈服与秩序。

公元前323年亚历山大大帝去世，这成为历史上的一个转折点，它"使一个时代结束了，又使另一个时代开始了"。它所结束的是亚历山大作为"征服者"的时代，也就是说，马其顿帝国统治和扩张的时代结束了。亚历山大没有在他所征服的地区建立起一套行之有效的行政管理制度，加之他生前没有指定好接班人，导致他去世后马其顿帝国迅速崩溃。他的去世所开始的"另一个时代"，是希腊文化与东方文化相融合，从而形成希腊化世界和希腊化文化的时代，即希腊化时代。希腊化时代的历史意义在于：它打破了历史上形成的东西方各自独立发展的模型，将它们合二为一。起先，埃及人和马其顿人是以征服者和统治者的身份去东方的，他们强制推行希腊化模式。但是，在这一过程中，他们自己也发生了变化，使随后产生的希腊化文明成为东西方文化的混合物，而不是来自其他地区的移植物。最后，东方的宗教也传到西方，大大地促进了罗马帝国和中世纪欧洲身份的转变。

经过数十年的战乱，在欧、亚、非三洲的广大地域内出现了以托勒密王国、塞琉古王国、安提柯王国为代表的一批"希腊化国家"。希腊化时代的多数希腊城邦不同程度地成了国王或僭主统治下的保有一定自治权利的地方自治单位。在希腊大陆，只有埃托利亚同盟、阿卡亚同盟以及斯巴达比较长期地保持了政治独立。公元前299年，罗马势力开始入侵巴尔干半岛。随着希腊化诸王国陆续灭亡，罗马人逐渐成为希腊人命运的主宰。公元前30年，罗马灭亡了最后一个希腊化国家——统治埃及的托勒密王朝，希腊化时代的历史随之终结。然而，"希腊化过程"并没有因此而停止，它作为一种文化现象继续存在，并对西方文化的形成和发展产生着长久而深远的影响。

第二节　拜占庭和奥斯曼帝国统治时期

从公元前2世纪中叶起，希腊先后被罗马、拜占庭和奥斯曼帝国占领或成为其一部分。公元前205—前146年，希腊就不断被罗马帝国入侵，希腊和马其顿王国一度成为罗马帝国的一个省份。公元395年，在罗马帝国分裂为东、西两部分。西罗马帝国覆灭之后，希腊人成了东罗马帝国的主要公民。成为帝国主体的希腊统治东罗马帝国，逐渐演变为拜占庭帝国。传承了古希腊文明的拜占庭帝国，在10—11世纪发展到了顶峰。随后，拜占庭帝国就始终处于防守阶段，一边是土耳其人的威胁，另一边是拉丁人的威胁。

1453年，奥斯曼土耳其人占领了拜占庭帝国的首府君士坦丁堡。1500年，几乎全部希腊省份被奥斯曼土耳其人控制。拜占庭帝国内部的软弱以及奥斯曼帝国的入侵，最终导致了拜占庭帝国的衰亡。

在奥斯曼帝国统治时期，希腊地区又恢复了统一局面，它作为土耳其的属地，成为奥斯曼帝国的一个行政省。进入17世纪以后，奥斯曼帝国开始衰败，对各行政省的控制越来越弱。18世纪后期的文艺复兴启蒙了本土人民的民族意识，这是1821年独立战争的思想基础。

第三节　近现代希腊

一、希腊国家的形成和领土融合

1821年，希腊争取民族独立的起义爆发。1822年1月，希腊宣布独立，并通过第一部宪法。希腊的第一面国旗也诞生于1822年。

1827年，俄、法和英国乘机进入希腊。1828—1829年，土耳其在俄土战争中战败。1829年，希腊从土耳其的统治下完全独立出来，只是当时希腊领土只包括中希腊和伯罗奔尼撒半岛。俄国承认希腊为自治公国。

1832年，希腊王国成立。在1832年召开的伦敦会议中，英、法、俄三国指派统治巴伐利亚王朝的奥托成为第一位希腊国王。1854—1857年，英、法在克里米亚战争时期占领了比雷埃夫斯。奥托政权在1862年被推翻。

1863年，英国推举丹麦的威廉亲王登上希腊王国的王位，是为乔治一世。他在位五十年期间，希腊的版图大为扩张，在乔治一世加冕后不久，英国便把伊奥尼亚群岛割给希腊；同时，在经济方面也有大幅增长。1913年，就在希腊即将于第一次巴尔干战争获胜之际，乔治一世在塞萨洛尼基遇刺身亡。乔治一世死后，其子康斯坦丁一世继位。他拒绝首相埃莱夫塞里奥斯·韦尼泽洛斯参与三国协约的建议，使希腊一开始就在第一次世界大战中保持中立。然而，此举引起部分人士的反对，双方意见相左，各自在雅典与塞萨洛尼基成立政府，造成希腊分裂的局面。

1917年，希腊加入英、法、俄三国协约阵营，参与对德奥作战，反对奥斯曼帝国及其他同盟国国家；而康斯坦丁一世被迫让位给他的儿子亚历山大。第一次世界大战后，希腊获得小亚细亚的一些土地作为补偿。

1920年，亚历山大国王逝世，由康斯坦丁一世重新登上王位。但希腊军队在之后发生的第二次希土战争中惨败，导致康斯坦丁一世又被罢黜下台。其后，乔治二世继位。

1924年，乔治二世因希腊第二共和国的成立而离位。1935年，共和政府被推翻，公民投票恢复君主制，乔治二世复辟。

二、第二次世界大战和内战时期的希腊

第二次世界大战期间，希腊是第一个被意大利人入侵的国家，而后又被德国占领。1941年4月，德军入侵希腊后，乔治二世与全体王室成员流亡埃及。在希腊共产党的领导下，希腊形成了民族解放阵线和希腊人民解放军两个组织。1944年10月15日，希腊全国得到解放。第二次世界大战后，由希腊共产党成立的联合政府受到进驻希腊的英军干涉，民族解放阵线被排挤出政府。英军司令部在雅典重建希腊政府，并要求希腊人民解放军解除武装，但遭到了拒绝。

1946年9月，希腊举行全民公决，乔治二世国王回国复辟，重新登上王位。希腊共产党表示反对；同年10月，希腊共产党在伊庇鲁斯

建立了一支"希腊民主军队",对战希腊国民军,国内战争全面打响。

1947年4月,乔治二世病逝,其弟保罗一世继位。1947年12月,希腊共产党建立"自由希腊政府",王室政府随后宣布了战时法案,并宣布共产党为非法组织。1949年夏末,希腊共产党宣布停战,内战结束。

三、当代希腊

1952年2月18日,希腊加入北大西洋公约组织(简称"北约")。1954年8月9日,希腊与南斯拉夫、土耳其缔结"巴尔干公约"。

1947—1964年,在保罗一世的统治下,右翼人民党掌握了政权。但1964年的选举使中间派联盟占据了上风。老乔治·帕潘德里欧组阁,新政府不再理会右翼人民党支持的新国王康斯坦丁二世,尤其是在塞浦路斯问题上。20世纪50—60年代,希腊的经济发展缓慢,前期借助美国"马歇尔计划"的捐赠和贷款,其后侧重于旅游业的发展。

1967年4月21日,希腊军队借助一次政变推翻了右翼政府,成立了一个名为"上校团"的军人独裁政府。1967年12月,保罗一世之子康斯坦丁二世被上校团驱逐,并由上校团所指派的摄政王取而代之。

1973年,在军政府所主导的公投下,王室被废黜,共和制确立。

1974年7月,因塞浦路斯事件以及对雅典综合理工大学起义血腥的镇压,希腊军政府垮台。流亡政治家康斯坦丁·卡拉曼利斯从巴黎返回,于1974年10月组建新民主党并成为希腊临时首相。另一个曾经流亡的政治家,安德烈亚斯·帕潘德里欧也回归祖国,并创建了泛希腊社会主义运动(简称"泛希社运")。同年11月举行议会选举,新民主党获胜并执政。

1974年12月,希腊举行公民投票,有69%的民众赞成终止君主制,确立国家政体为共和制,希腊王国至此宣告灭亡。

此后由新民主党和泛希社运轮流执政。1977年,新民主党再次在议会选举中获胜并执政。泛希社运赢得了1981年的大选,于1981—1989年和1993—2003年长期执政,主导国家政治事务。自从恢复了民主政体,希腊的社会状况有所改善,经济稳步增长。

1981年,希腊加入了欧洲共同体,并在2001年接受欧元作为货币,加入欧元区。由欧洲联盟(简称"欧盟")的援助以及来自旅游、航运、服务、轻工业的收入所实现的基础建设使希腊人达到了前所未有的生活水准。

在2007年9月16日的议会选举中,新民主党在300个席位中获得152席,以科斯塔斯·卡拉曼利斯为总理的新民主党政府得以继续执政。

2009年,希腊国债危机开始受到世界关注。2009年10月,泛希社运在议会选举中获胜并执政。

2014年12月,希腊提前举行总统选举,但议会三轮投票无果,议会被迫提前解散。

2015年1月,希腊举行议会大选,激进左翼联盟(简称"左联")胜出,与右翼政党独立希腊人共同组成联合政府。左联主席阿莱克西斯·齐普拉斯任总理。9月,希腊再次举行议会选举,齐普拉斯领导的左联再次蝉联议会第一大党,与独立希腊人再次联合组阁成功。阿莱克西斯·齐普拉斯再次出任政府总理。

2016年11月,阿莱克西斯·齐普拉斯又一次改组政府,撤换原内阁11名成员,但核心成员留任。

第三章 政治

希腊于1974年通过全民公投改为共和制，自此以后，新民主党和泛希社运轮流执政。2015年1月，激进左翼联盟首次上台执政至今。

第一节 国家标志[①]

希腊的全称是希腊共和国，英文名称：The Hellenic Republic。国名释义：源自希腊语，意为"希伦人居住地"。

一、国旗

希腊的国旗为长方形，长宽比例为3∶2。旗面由蓝白相间和宽度相同的横条组成，其中蓝条五道、白条四道。左上方有一个蓝色正方形，上有白色十字架。多数希腊人认为，九道蓝白条是希腊爱国格言"不自由，毋宁死"的九个音节，蓝色象征蓝天和大海，白色象征自由，十字架象征东正教。此外，还有一种说法，国旗的白色象征着大海的白色泡沫，因为希腊神话中美神阿佛洛狄忒就是在大海的白色泡沫中诞生的。

[①] 马凤春：《世界知识年鉴（2015/2016）》，北京：世界知识出版社，2016年。

二、国徽

希腊的国徽是一个近似方形的盾徽。蓝色盾面上绘有一个白色十字，盾面被两枝底部交叉的绿色橄榄枝环托。十字象征希腊人民信奉的东正教，橄榄枝象征希腊人民热爱和平。

三、国歌

希腊国歌的歌词源自希腊著名诗人迪奥尼希奥斯·索洛莫斯在希腊独立战争期间创作的诗歌《自由颂》。诗中描写了希腊人民在外来统治下的悲惨遭遇，号召希腊人民为争取民族独立而战争，歌颂了希腊人民为自由而战的英雄精神。《自由颂》当时在希腊广为流传，极大地鼓舞了人民的斗志，深受人民的喜爱。1828年，希腊著名作曲家尼古拉斯·曼查罗斯为《自由颂》谱曲。1864年，《自由颂》被定为希腊国歌，并沿用至今。

《自由颂》全诗包含158节，由于诗文过长，现仅使用该诗的第一节、第二节作为国歌正式歌词。

四、国庆

希腊国庆日是3月25日，为了纪念1821年希腊爆发的反对土耳其统治的独立战争。

五、其他

关于国花，希腊官方并没有明文规定。但希腊人民一向认为橄榄花是希腊的国花。在古希腊神话中，人们把橄榄树视为和平、进取和幸福的象征；而橄榄树自古以来就是希腊最重要的经济作物，橄榄果及其油产品被公认为最好的营养食品。因此，希腊人民认为，是橄榄树拯救和发展了希腊民族，而橄榄花则是人们心中永不凋谢的国花。

第二节 宪法

希腊共和国是由宪法架构的国家，宪法是国家的根本大法。现行宪法于1975年6月7日第五次修改宪法会议通过，于1975年6月11日生效，并分别于1986年、2001年和2008年进行了修订。

该宪法共四编，一百二十条。第一编为"基本条款"，对国家政体，以及国家与教会的关系做了明确规定：希腊的政体为议会制共和国；人民主权为政府的基础；一切权力来自人民，并依照宪法的规定行使；尊重和保护人的价值是国家的首要职责；希腊遵循国际法公认的准则，致力于巩固和平和正义，发展各国人民和国家之间的友好关系；希腊的主要宗教为东正教。第二编为"个人权利和社会权利"。第三编为"国家的组织和职能"，对共和国总统、议会、政府、司法权、行政管理机关的职能分别进行了阐述。第四编是"特别条款、最后条款和过渡性条款"。宪法规定，希腊国家体制为"总统议会共和制"，总统为国家元首，任期五年，可连任一次；立法权属议会和总统，行政权属总理，司法权由法院行使。1986年通过的宪法修正案使总统的权力缩小。2001年，希腊议会对宪法做了大幅度的修订，修订后的宪法引入了一些新的个人权利，加入了政治生活透明化的新内容，并对议会工作程序进行了修改，加强了议会委员会在立法过程中的作用。

第三节 政党

根据希腊宪法的规定，希腊实行多党制。主要政党有：

（1）激进左翼联盟党：简称"左联"，极左翼政党，成立于2004年1月，由十余个左翼小党组成，主要是当年希腊共产党国内派成员。左联在2012年6月的议会选举中，成为第一大反对党。该党赞同民主社会主义、生态运动、女权运动的思想和价值观，主张多元民主、保护人权。在2013年召开的首届党大会上，该党正式完成从竞选联盟到政党的转变。2015年1月和9月，该党先后在议会选举中获胜，与"独立希腊人"共同组成联合政府，现任党主席为阿莱克西斯·齐普拉斯。

（2）新民主党：1974年10月成立，创始人是康斯坦丁·卡拉曼利斯。该党宣称信奉"自由市场经济"，对内主张实行国有企业私有化，开放市场；对外主张希腊属于西方，力主希腊加入北约和欧共体，改善同美国和北约的关系；同土耳其对话，消除两国纷争；在此基础上开展多边外交，维护希腊的独立和主权。该党曾于1974—1981年、1990—1993年、2004—2009年、2012—2014年执政，现任党主席基里阿科斯·米措塔基斯。

（3）金色黎明：极右翼政党，成立于1993年。凭借反紧缩和主张退出欧元区的民粹主义思想，该党于2012年6月首次进入议会，现任党主席尼科斯·米哈洛里亚科斯。

（4）河流党：成立于2014年2月，创始人是记者出身的斯塔夫罗斯·塞奥佐拉基斯，主张亲欧盟，2015年1月首次进入议会，现任党主席斯塔夫罗斯·塞奥佐拉基斯。

（5）希腊共产党：1918年成立，希腊现存最老政党，在外交政策上主张退出北约，拆除希腊的外国军事基地，在地中海和巴尔干地区建立无核区，现任总书记迪米特里斯·古楚巴斯。

（6）独立希腊人：成立于2012年2月，由前新民主党议员帕诺斯·卡梅诺斯创立，属右翼政党，反对财政紧缩。2012年6月首次进入议会，获得20个席位，现任党主席帕诺斯·卡梅诺斯。

（7）泛希腊社会主义运动：简称"泛希社运"，1974年9月成立，创始人是安德烈亚斯·帕潘德里欧。对内主张在议会制的原则下通过民主程序对国家实行社会主义改造，建立混合经济，鼓励私人企业的积极性；对外强调独立自主和执行多元外交政策。该党于1981—1989年、1993—2003年、2009年年底—2011年执政。2012年6月大选后，与新民主党、民主左翼党共同组建联合政府，现任党主席福菲·耶妮马塔。

第四节　议会与司法机关

一、议会

希腊议会为一院制立法机关。希腊议会是希腊最高民主机构，选举出的议员代表人民，其核心职能是立法和监督政府工作。议会有300名议员，这些议员由符合选举条件的公民以直接、普遍、秘密、同步的方式投票选出，议员任期为4年。议会的负责人是议长。

（一）议会简史

1833年，希腊王国成立。1844年，希腊确立君主立宪制，诞生了今日希腊议会的雏形。1864年，确立君主共和制。1875年，引入议会制度。1967—1974年，为军人独裁统治时期，实行总统制共和制。1974年12月，希腊通过全民公决，确定议会制共和制为国家政体。其中，1844—1863年，1927—1935年，希腊议会实行两院制。

（二）议会地位

希腊现行宪法规定立法权属议会和总统，行政权属总理，司法权由法院行使。议会全体议员通过记名投票方式选出下届总统；议会表决国家财政预算，审议执行情况和决算，以要求政府提交工作报告、接受问询、质询及成立议会调查委员会的方式对政府实施监督，政府必须取得议会的信任和支持，在信任案投票中无法获得绝对多数即宣告下台；议会还行使部分准司法职能。

（三）议员选举与议会的产生

希腊议会的议员由全国普选产生。希腊全国共分56个选区，以市为基本单位，每个选区产生的议员名额由该选区在全国人口普查中所登记的人口数目确定。内政部负责选举机构的人员组成和选举筹备工作，监督委员会由司法人员构成。议员通过全国范围内同时进行的直接、不记名投票选举产生，可连选连任。各党派间的得票数比例决定其在议会中的议员席位比例。所获选票不足总票数3%的党派不得进入议会。参选政党获得半数以上席位才能单独组阁，否则必须与其他政党联合组阁。

希腊宪法最初规定议会席位最少不低于200席，最多不超过300席，1952年起确立为300席。

通常情况下，议会议员任期为四年，每四年进行一次议会选举，议员全部改选。每年10月的第一个星期一开始当年会期，会期不得短于5个月。在每届议会任期结束时，由总统发布总统令，并经部长会议联署后，在其后30天内正式举行议会选举，并于接下来的30天内组成新一届议会。在下面四种情况下，议会举行提前大选：一是政府无法获得议会信任；二是政府面临重大问题，需要民意支持（不得以同一问题为由连续两次提前大选）；三是一届议会任期内两届政府辞职，第三届政府组成依旧无法保证政府稳定，总统可决定提前大选；四是一届议会连续三次无法顺利选出总统则自动解散并重新大选。本届议会于2015年9月选举产生，任期四年。现议会议席分配如下：激进左翼联盟党144席，新民主党75席，金色黎明18席，泛希社运16席，希腊共产党15席，河流党10席，独立希腊人9席，独立议员4席。尼科斯·武齐斯任本届议会议长。

（四）议会职权

希腊议会主要行使立法权和监督权。

立法权主要有：修改宪法；表决通过各类法案；审批国家及议会的财政预算案、执行情况和决算；批准社会经济发展纲领和规划；决定就某一问题举行公民复决；国家被围困时，议会决定实施紧急状态法；对议会本身的某项工作延期（最多三十天）和再延期提供许可。

监督权主要有：信任案投票；提交报告；问询；质询；索要文件；提交倡议并讨论；调查；监督独立机构工作。

（五）议会立法程序

立法倡议可由部长或议员提出，部长可向议会提出议案、修正案和增补案，议员可提出法案、修正案和增补案。议案或法案首先提交议会立法工作局，在会上宣读并提交议会，随后交由主管相应事务的议会常设委员会进行细化或辩论、表决，通过后列入议会全会立法日程以待辩论、表决。休会期间的值班议会可表决除必须由全会表决的其他议案法案。辩论表决程序包括原则辩论、逐条辩论和总体表决，并根据宪法对出席议员最低人数和相对多数还是绝对多数的规定进行投票表决。成文法经议会通过、主管部长签署后，由总统颁布实施。此外，议会立法工作还包括修改宪法、审议政府和议会的预决算案等。

（六）议会党团

每个议会党团应由不少于10名议员组成。每名议员只能参加一个党团。特殊情况下，如议员所在党在全国2/3选区获得选票且所获票数占总票数3%以上，则该党5名或5名以上议员可组成一个党团。议会党团主席有权任命最多2名议会代表（第一大党党团主席和第一大反对党党团主席有权任命3名），代其参加议会会议和辩论。议会各党团秘书长由党团成员选举产生或由党团主席直接任命。

二、司法机关

希腊司法部是负责监管希腊法律和司法体系的政府部门。

希腊最高司法机构包括最高法院和最高行政法院及检察机构。法院分初级、上诉及最高法院三级。各级法院设有检察官，初级地方治安法院设有公诉人。

第五节　国家主要领导人

一、总统

希腊宪法规定，总统为国家元首，任期五年，可连任一次。总统是立法、行政和司法机构的协调人。总统在象征性的职权之外还可以行使一些政府职能。

现任总统：普罗科比斯·帕夫洛普洛斯，1950年生于希腊伯罗奔尼撒半岛南部城市卡拉马塔，毕业于雅典大学法学院，大学期间曾辍学半年任总统秘书，后赴巴黎第二大学深造并获公法学博士学位，精通法语、英语、意大利语。1981—1989年，他任教于雅典大学法学院，成功入选希腊最高行政法院和最高法院律师，兼任多家企业的法律顾问。1989—1990年任政府发言人；1996年任新民主党新闻发言人；1996年首次当选新民主党议员，连任至今；2004—2007年、2007—2009年两次出任内政部部长；2015年2月出任希腊总统。

二、总理

希腊宪法规定，总统任命占有多数议席的政党的领袖为总理，并根据总理的提名任免其他政府成员及副部长。

现任总理：阿莱克西斯·齐普拉斯。1974年7月28日出生于雅典，2000年毕业于国立雅典理工大学土木工程学院。毕业后投身建筑业，担任土木工程师。齐普拉斯2006年步入希腊政坛，2008年被选为激进左翼联盟党主席，成为有史以来最年轻的希腊议会党派领导人。2009年、2012年齐普拉斯两次当选为议会议员。在2012年6月举行的希腊议会选举中，齐普拉斯领导的激进左翼联盟党的得票率居第二位，在议会300个席位中获71席。2015年1月，在希腊举行的议会选举中，激进左翼联盟党获胜，阿莱克西斯·齐普拉斯就任新一届总理。

第六节　政府

希腊政府由包括总理和各部部长的内阁组成。政府按照宪法和法律的规定，确定并指导国家的总政策。

现任政府于2015年9月23日组成，在2016年11月4日改组后，于2018年2月28日再次小幅改组，现有部委18个，内阁成员49人。总理阿莱克西斯·齐普拉斯，副总理扬尼斯·兹拉加萨基斯。在希腊各部委中，内政和行政重建部是希腊主管内政事务的政府部门。经济、发展和旅游部负责国家工业、商业、航运、旅游、科技、投资与发展、多边经贸等方面政策的制定和实施工作，下设工业、商业、航运、旅游、科技、消费者事务、竞争力、投资与发展、多边经贸等总司。国防部是希腊最高军事行政机关，负责国防政策的制定及军队的建设和管理。外交部下属B总司负责双边经济关系事务，内设8个司，其中B5司负责与除希腊邻国和地中海国家之外所有国家的双边经贸关系，B8司负责经济发展事务。卫生部负责主管卫生健康工作。财政部负责国家财政、税收、海关、统计等经济事务的政策制定和监督管理工作，下设财政、税收与关税、私有化、公私合营、国有企业、统计、信息等总司。环境和能源部负责发展生产力，以及环境保护和能源投资、建设等方面政策的制定和实施工作。

第七节　政治制度

一、古代希腊城邦政治制度

古代希腊城邦政治制度是公元前8—前4世纪时期希腊地区以城市为中心的诸多奴隶制小国的政权组织形式和统治方法。

公元前8—前6世纪，由于社会生产力和商业的发展，奴隶制关系和自由民内部的阶级日益分化，希腊各地建立了许多城邦。城邦之间通常以结盟的方式保持政治、军事方面的联系，但原则上是独立自主的。由于希腊城邦是从原始社会进入阶级社会的最早国家形态，城邦政治制度在形式上往往带有氏族制残余，刚建立的城邦政权往往掌握在氏族贵族奴隶主手中，实行氏族贵族专政，采用贵族共和、贵族寡头等政体。在工商业较为发达的城邦，工商业奴隶主领导和依靠自由民进行反对氏族贵族的斗争，当工商业奴隶主阶级的势力进一步壮大后，就以寡头政治或较为广泛的奴隶主民主政治来代替僭主政治。例如，农业城邦斯巴达实行奴隶主贵族寡头政治，工商业城邦雅典奉行奴隶主民主政治。斯巴达和雅典为了争夺在希腊的霸权，进行了伯罗奔尼撒战争（公元前431—前404年），结果雅典失败，奴隶主民主政权遭到削弱。与此同时，位于希腊北部的马其顿王国崛起，国王腓力二世出兵打败雅典、底比斯等组成的希腊联军，确立了在希腊的霸权。后继者亚历山大建立了地跨欧、亚、非三洲的马其顿帝国，沿袭波斯帝国的统治机构和制度，希腊城邦政治制度告终。

雅典以实行奴隶主民主政治著称。这种政治是经过平民与氏族贵族的长期斗争而逐步形成的。雅典城邦的民主政治除了短暂的中断之外，一直延续了近二百年。其长期存在的主要原因是：（1）城邦长期保持了由从事劳动的中小所有者构成的"公民集团"，这是雅典的民主政治得以长期存在的根本原因；(2) 雅典的民主政治既是社会经济发展和阶级斗争的结果，也是当时的社会有识之士不懈地推动和完善的结晶。如前所述，影响较大的改革有：公元前594年的梭伦改革，公元前509年的克利斯提尼改革，公元前443—前429年的伯里利克改革。特别是伯里利克时代的改革，使希腊的民主政治和文化繁荣达到鼎盛。

二、希腊独立前后的政治制度

（一）希腊第一共和国时期（1821—1832年）

1821年，希腊人开始反抗奥斯曼军队和政府，独立战争开始。地方政权如东部希腊议会、西部希腊议会、伯罗奔尼撒议会等相继产生，基于建立临时政府的需要，第一届国民议会于1821年年底召开，大会通过了《希腊临时宪法》。该宪法援循代议制原则和分权原则，国家事务管理由议会和行政机构负责，司法独立。

1823年，为了将地方政府合并为单一制的中央政府，第二届国民议会召开，大会修订了《希腊临时宪法》，该宪法声明废除地方政府和奴隶制。

1827年，第三届国民议会召开，大会通过了《希腊政治宪法》，该宪法对权力做了严格的分配，行政权由总统行使，立法权由代议机构（即众议院）行使。该宪法的通过，标志着希腊进入第一共和国时期。大会还推选卡波迪斯特里亚斯为希腊共和国首任总统。

1831年，卡波迪斯特里亚斯遇刺身亡，已经独立的希腊再次陷入无政府状态。

（二）君主政体时期（1833—1923年）

1833年，在英、法、俄等国的支持下，巴伐利亚奥托王子就任希腊国王，希腊随即宣布成为独立的"希腊王国"，自此希腊开始了近百年的君主政体。在奥托国王统治期间，政府依据君王的意志行使权力，宪法形同一纸空文。

1844年，新的宪法制定，该宪法重新确立了君主立宪制，主要内容包括确立了君主主权的原则，但立法权应与众议院和参议院一同行使。但奥托国王并没有真正履行宪法规定的职责，对此不满的军官们于1862年再次发动政变，奥托国王被废黜。

1863—1864年，第四届国民议会召开。议会起草了新宪法，丹麦的乔治王子成为希腊国王。1864年制定的宪法取消了参议院，明确了议会形式为一院制，议会议员由全国选举产生。该宪法一直沿用至1911年。

1911年，新的宪法产生，该宪法强调人权、加强法治和推动机构建设的现代化。

（三）第二共和国时期（1924—1935年）

1924年，全民公决通过了废除君主制的决议，并宣布希腊成为共和国。此时发生了潘加洛斯将军领导的军事政变，直至两年后，将军独裁统治被推翻，希腊随即举行比例代表制选举，产生了新的议会，并最终通过了1927年的宪法。希腊第二共和国仅维持了10年左右，

1935年，维尼泽洛斯的支持者发动政变，导致1927年宪法被废止，1911年宪法被重新启用，而乔治国王重新登基上台。

（四）独裁统治时期（1936—1941年）

1936年，梅塔克萨斯将军在国内建立了独裁政权，他和他的继任者的统治一直持续到1941年希腊被德国军队占领。

（五）君主政体的恢复（1946—1967年）

20世纪50年代，希腊结束了内战，而冷战又导致了东西方阵营的对立。在这种社会和政治背景下，1952年，希腊新宪法出台，这是希腊王国的最后一部宪法。该宪法恢复了君主政体，在君主民主制下引入议会制。该宪法规定，立法权由国王和议会行使，行政权由国王和内阁行使，司法权由法院以国王的名义行使，并规定选举权可以通过立法变成强制性的，妇女也有权参与投票和被选举。

（六）上校团的独裁政权（1968—1974年）

1967年，一群年轻的军官成功地发动了一场政变，希腊自此开始了长达7年的"上校团"的独裁统治，其间通过了两个宪法文本，但由于过于保守，未得到完全施行。

三、当代希腊的政治制度（1974年至今）

1974年，军人政府垮台，卡拉曼利斯回国就任希腊总理。1974年11月17日，希腊通过全民公投，确立了共和制，这标志着希腊进入稳定的民主共和国时期。

1975年6月，希腊第五届修宪议会通过了1975年宪法，希腊现行宪法在1975年宪法的基础上，经过了1986年、2001年、2008年等多次修订。根据现行宪法，希腊是议会制共和国。

第四章 军事

在古希腊，战争是古希腊人生活的一部分，而且处于他们日常生活的中心。他们往往把战争看作一种解决纷争矛盾的手段，与城邦公民的社会生活紧密相连。19世纪后，希腊军队的最初使命是巩固中央集权的统治。当成功地实现这一目标后，军队便投入到希腊的领土收复运动中。此时的军队有两种使命：一是为了保卫国家，二是为了推动国家的扩张。第一次世界大战爆发后，军队开始参与政治。

在现代希腊，总统为名义上的武装部队最高统帅。总理负责国防政策和部队建设，任最高国防委员会主席。国防部部长在总理领导下，实施国防政策和管理武装部队。总参谋长主管作战指挥机构。军队受本国和北约双重指挥。希腊最高国防决策机构为国家最高外交国防委员会，成员有总理，外交部、国防部、内政部、财政部、工业部、交通部的部长和国防参谋长等，总理任主席。最高国防咨询机构为参谋长委员会，成员有国防参谋长及陆、海、空三军参谋长等，国防参谋长任主席。国防部是政府中的一个部委，是最高军事行政机关，负责国防政策的制定及军队的建设和管理。最高军事指挥机构为国防参谋部，下辖陆、海、空军参谋部。

希腊武装力量由正规军、准军事部队和预备役部队组成。正规军分陆、海、空三个军种。准军事部队由国民警卫队、公安警察和港警等构成。8月15日是希腊军队节日（武装力量节）。

希腊实行义务兵役制，服役年龄19～50岁。20世纪五六十年代为义务兵服役，期限2年，后改为陆军18个月、海军21个月、空军20个月，又改为陆军15个月、海军15个月、空军14个月；自2010年起，服役期减为9个月，年满19周岁的男性公民都要服9个月的兵役。

希腊军队军衔分为五等十七级：将官四级（上将、中将、少将、准将），校官三级（上校、中校、少校），尉官三级（上尉、中尉、少尉），士官五级（准尉、军士长、上士、中士、下士），兵二级（上等兵、列兵）。

希腊是联合国和北大西洋公约组织成员国，且在希腊有美国驻军和军事基地。执行联合国的维和行动，与北约其他成员国开展军事合作、军事交流和军事训练，共同执行军事任务，是希腊军队的经常性工作。

第五章　文化

古代希腊人在广泛吸收西亚和埃及等地文化成就的基础上，根据生产、社会和政治的需要，在文学、艺术、哲学、史学、自然科学等众多领域做出了富有创造性的巨大贡献。在希腊化时期，希腊文化与亚洲和非洲各地文化在新的历史条件下发生某种程度的融合和相互影响，使传统的希腊文化有了新的内容。古代希腊文化是属于奴隶制社会经济形态的文化，其发展与奴隶占有制密不可分，并对后世产生重大影响。

古希腊曾涌现出众多的文化伟人，诸如诗人荷马，喜剧作家阿里斯托芬，悲剧作家埃斯库罗斯、索福克勒斯、欧里庇得斯，哲学家苏格拉底、柏拉图、亚里士多德，史学家希罗多德、修昔底德、色诺芬，数学家毕达哥拉斯、欧几里得，物理学家阿基米德，雕塑家菲狄亚斯等。他们如群星般灿烂，对希腊文化和世界文化历史的发展都产生了巨大而深远的影响。

第一节　语言文字

在希腊，官方语言为希腊语（希腊语属于印欧语系），而英语为最通用的外国语言。希腊语所使用的字母是希腊字母，它是世界上最早的有元音的字母，也广泛应用于数学、物理、生物、天文等学科。西里尔字母也是由希腊字母演变而成的。

希腊语广泛用于希腊、塞浦路斯、阿尔巴尼亚等国，以及土耳其的某些地区。古代希腊语原有26个字母，荷马时期后逐渐演变并确定为24个（包括7个元音和17个辅音），并一直沿用至今。希腊语言元音发达，希腊人增添了元音字母。根据腓尼基字母改制的希腊字母，约在公元前1000年就出现了。这是既有元音字母，也有辅音字母的第一个字母表。曾被叫作"线形文字B"的希腊早期文字，约形成于公元前1500年，但是到公元前1200年这种文字大部分废弃不用了。因为希腊人的书写工具是蜡板，有时前一行从右向左写完后顺势就从左向右写，变成所谓"耕地（boustrophedon）"式书写，后来逐渐演变成全部从左向右写。

　　希腊语是西方文明第一种伟大的语言。许多人认为它是所有语言中最有效、最值得敬佩的交际用语。由于结构清楚、概念透彻清晰，加上有多种多样的表达方式，它既适合严谨的思想家的需要，又适合有才华的诗人的要求。希腊语最后分化出四种方言：伊奥利亚（Aeolic）、爱奥尼亚（Ionic）、阿卡迪亚–塞浦路斯（Acado-Cyprian）、多利安（Doric）方言。约在公元前9世纪出现的《荷马史诗》（《伊利亚特》《奥德赛》的合称），就是用爱奥尼亚方言写成的。在以后的几百年中，随着雅典城的兴起，一种叫雅典语的爱奥尼亚方言出现，雅典语成了希腊语的主要形式及共同语的基础。雅典语的使用范围，远远超过现代希腊的疆界。在亚历山大大帝远征以后，雅典语的使用范围东边远达印度；后来罗马帝国将雅典语作为第二语言。

　　4—15世纪，希腊语是拜占庭帝国的官方方言；后在土耳其人统治期间，希腊人仍然讲希腊语。现代希腊语约在9世纪开始成形，到19世纪成为希腊王国的官方语言。现在说希腊语的有上千万人，其中包括塞浦路斯岛上的希腊族人和族居海外的众多侨民。

第二节　文学与艺术

一、古代希腊文学与艺术

（一）古希腊文学

　　最初的古希腊文学同世界其他地区的文学一样是口头文学，表现形式为神话、传说、史诗、寓言之类,但其形成时间已无从查考。

希腊神话包括诸神与世界的起源、诸神争夺最高地位及最后由宙斯取得胜利的斗争、诸神的爱情与争吵、神的冒险与力量对凡世的影响等。希腊神话和传说中最有名的故事有特洛伊战争、奥德修斯的游历、伊阿宋寻找金羊毛、海格力斯(即赫拉克勒斯)的功绩、忒修斯的冒险和俄狄浦斯的悲剧。

传说最初的宇宙是混沌的,后来地母盖娅从混沌中产生,盖娅生下天神乌拉诺斯;盖娅又与乌拉诺斯结合,生下12个提坦巨神。在诸提坦巨神中,普罗米修斯是创造人类的大神。提坦神族的统治被宙斯推翻,宙斯成为宇宙的主宰,并在北希腊建立了奥林波斯山,实现对诸神的统治。奥林波斯山有12个主神:众神之父宙斯(也是雷电之神)、天空之神赫拉(宙斯之妻)、太阳神阿波罗、月亮和狩猎女神阿尔忒弥斯、海神波塞冬、智慧之神雅典娜、爱与美之神阿佛罗狄忒、战神阿瑞斯、火神赫菲斯托斯、灶神赫斯提亚、农神德墨忒尔、商旅之神赫尔墨斯。希腊神话根植于丰富多彩的社会现实,所以诸神的形象具有鲜明的人性化特征,生动丰满、多姿多彩。这些神与神话便成为希腊文艺作品取之不尽的题材,并对后世欧洲的文学艺术产生了深远的影响。

希腊神话或传说是原始氏族社会的精神产物,它在古希腊居民中口口相传,后在《荷马史诗》中的《伊利亚特》《奥德赛》,赫西奥德的《工作与时日》《神谱》,奥维德的《变形记》以及埃斯库罗斯、索福克勒斯和欧里庇得斯的戏剧等经典作品中记录下来。古希腊人信奉多神教,赫西奥德创作的《神谱》就是一部神的史诗,主要描写希腊诸神灵的争斗和权力的更替。

古希腊最早的文学作品是诗歌。就目前所知,希腊最早的诗歌作品起初是一些零散的片段,在公元前9—前8世纪由盲诗人荷马系统编成,完整的定本出现在发明希腊字母文字以后的公元前6世纪。《荷马史诗》包括《伊利亚特》《奥德赛》两部长诗,《伊利亚特》叙述了阿卡亚人联军远征特洛伊的一段跌宕起伏的故事;《奥德赛》描写的是战争生还者奥德修斯在返家路上的传奇经历。盲诗人荷马在这两部史诗中,热情讴歌万能的神灵与奋战的勇士。不管是神圣的雅典娜、波塞冬,还是凡间的阿喀琉斯、赫克托尔,不管是希腊人还是特洛伊人,不管是胜者还是败者，凡有英雄气概之士均被诗人赞扬。由于文辞优美、情节生动，《荷马史诗》成为最受古希腊人欢迎、最有影响力的文学作品。《荷马史诗》具有重大的文学价值，又蕴含着大量的史学信息，考古学家正是依据这些信息取得了20世纪初期惊人的考古发现（位于克里特岛上的米诺斯迷宫被奇迹般地发掘出来）。

古希腊寓言中对后世最有影响的是《伊索寓言》。公元前6世纪，希腊出现散文纪事家，以文字纪录的故事与口头故事相对应。他们的作品内容博而杂，历史、地理与神话传说混合在一起，但因天灾人祸仅传下来一些只言片语。直到1世纪，有人将所有的寓言故事汇集在伊索的名下，统称为《伊索寓言》（现余300余篇）。《伊索寓言》反映了底层人民和奴隶的思想感情，对其所影射的权贵们给予了辛辣的嘲讽和无情的鞭挞。《伊索寓言》中的故事短小精悍、形象生动，经常被后人引用。《伊索寓言》也是最早被介绍到中国的欧洲文学作品之一，在我国明代就已出现名为《况义》的译本，到了清代又有了《意拾蒙引》《海国妙喻》等译本。

（二）古希腊艺术

古希腊艺术包括戏剧表演艺术、建筑艺术、雕塑艺术、瓶画艺术等。马克思指出，"希腊艺术的前提是希腊神话，希腊神话不只是希腊艺术的宝库，而且是它的土壤"。

古希腊戏剧就起源于为酒神狄俄尼索斯举行的庆典歌舞表演活动中。古希腊人相信神能主宰人间祸福。他们为了讨好神、祭奠神而举行各种庆典活动。每四年在南希腊奥林匹亚举行一次的宙斯大祭最为隆重。届时有体育竞赛和文艺表演，得胜者会获得荣誉。据说第一次举行宙斯大祭是在公元前776年，古希腊人便以这一年作为纪年的开始。对其他神，如阿波罗、雅典娜、狄俄尼索斯的祭奠亦相当盛行。古希腊戏剧是古典时代文学艺术园地的瑰宝，是人类永远宝贵的遗产，出现了"古希腊三大悲剧家"——埃斯库罗斯、索福克勒斯、欧里庇得斯，最著名的喜剧家阿里斯托芬。这些古希腊的剧作家都是杰出的文学巨匠，他们将神话故事和社会现实巧妙地编织在一起，以各种方式或手法表现和展示剧本的情节和过程。他们用笔创作了一幕又一幕悲欢离合、牵动人心的场景，塑造了一个又一个鲜活生动、个性突出的人物。民主氛围也是古希腊戏剧充满活力、丰富多彩的根源。

古希腊的建筑艺术主要表现在神庙建筑上,如公元前7世纪—前4世纪,环绕神殿的圆石柱,从朴实到华丽,先后有多立克柱式、伊奥尼亚柱式、科林斯柱式等多种样式。其中最为著名的是雅典卫城及卫城最高处的帕提侬神庙(建于公元前5世纪中叶)。古希腊人是一个敢于思考、敢于挑战、敢于实践的民族。尽管一些最值得赞美的艺术作品已不复存在,但细心地研究残存的建筑、雕刻和瓶画,还是能够洞察古希腊艺术成就的辉煌。帕提侬神庙是古希腊建筑艺术的杰作,是人们征服自然的象征。它的各个部分都有一种持久的平衡,并不因为赖以支撑的多立克柱故意造成的长短不一而倾覆,它舒展、伸张、挺立、强壮,与文雅相和谐。雅典卫城被称为古希腊建筑艺术的王冠,而帕提侬神庙则是王冠上一颗璀璨的明珠。

古希腊的雕塑艺术主要表现在人物雕像艺术上。著名的雕塑艺术作品有米隆的《掷铁饼者》、波里克利特的《持矛者》、菲狄亚斯的《雅典娜神像》、阿历山德·罗斯的《米洛斯的维纳斯》等。古希腊人崇尚人体美,为万能的神和奥林匹亚运动会上的佼佼者塑像。他们欣赏男人的阳刚强健,推崇女子的婀娜妩媚。《掷铁饼者》向后抡起的手臂和屈膝扭转的姿态永远让人感到一股势不可挡的强力,米洛斯的维纳斯优美的"S"形的身姿和残缺的手臂令人遐想无穷。

古希腊的瓶画艺术也特别出名。先有在天然红陶器的表面用黑色作画的黑画陶,后有画面本身是陶器的天然红,其余空间为黑色的红画陶。红与黑的搭配产生出稳重、高雅的视觉效果,古希腊人以此作为烧陶的釉色,用千变万化的几何图形和行云流水般的线条在瓶瓶罐罐上讲述动人的传说:有马拉战车在驰骋疆场,有奥德赛艰辛的回乡旅程,还有大海深处女妖塞壬诱人的歌声。无怪乎,马克思高度评价古希腊的艺术不但能给后人以精神上的享受,而且"就某方面说还是一种规范和高不可及的范本"。岁月可以流逝,权力可以更替,但古希腊人所创造的文明如永恒的圣火永不磨灭。

二、19世纪后的希腊艺术[①]

(一) 绘画艺术

一般说来,"慕尼黑时期"的希腊艺术家最擅长素描与习作,而他们的作品往往比较刻板、做作,与大多数慕尼黑、罗马、巴黎的学院派作品一样。他们作品中唯一的希腊因素可能是取材于民间传说的选题;直到20世纪受到"巴黎式"的影响,希腊的艺术家才开始研究本土的光线与色彩。1864年,伊奥尼亚群岛并入希腊后,意大利风格的学院派带来了比较本土化的影响,但这种影响并不深刻。后来,学习艺术的希腊移民发现了巴黎的现实主义。虽然印象主义从未在希腊扎根,但它影响了康斯坦丁·帕赛尼斯(1878—1957)等一批画家的一些作品。帕赛尼斯本质上是一位象征主义画家,在倡导现代趋势方面很有影响,美术学院的新一代艺术家们,争相效仿其在希腊式光线与色彩方面的兴趣。另一位艺术家佛提斯·贡托格鲁(1896—1965)与帕赛尼斯齐名,影响却不一样。他是来自小亚细亚的难民,试图恢复拜占庭时期的宗教艺术传统,拒绝西方艺术的入侵,鼓励学生们寻找根植于希腊文化中的传统元素。20世纪60年代后,希腊艺术家们受到世界主义的影响,不再探索民族传统。

(二) 建筑艺术

希腊独立后的建筑艺术可分为四个阶段:第一个阶段是西方的新古典主义与雅典生活的日常风格相适应的时期;第二个阶段是20世纪10—20年代,"新本土化趋势",主要借鉴民间传统;第三个阶段是20世纪30年代以后,完全接受现代主义;第四个阶段主要指20世纪五六十年代,大规模没有特定名称的建筑行动。

(三) 表演艺术

在20世纪五六十年代,表演艺术取得长足进步。在基米特里斯·龙提里斯(1899—1981)、阿莱希斯·米诺提斯(1900—1990)和卡罗洛斯·库恩(1908—1987)等人的鼓励和指导下,古代希腊的悲剧和

[①] 约翰·科里奥普罗斯、萨诺斯·维莱米斯:《希腊的现代进程——1821年至今》,郭云艳译,上海:上海人民出版社,2008年。

喜剧恢复演出；同时，地方戏在祖祖·尼克卢迪和拉鲁·马努（1915—1988）等人的努力下也得以重新上演。这些演出活动集中了查鲁齐斯、哈齐达基斯以及库恩等一些天才演员，培养了包括基米特里斯·米塔拉斯、基塔夫洛斯·哈查克斯和斯庇罗斯·艾万格拉托斯等人在内的新一代艺术家。在20世纪七八十年代，艾万格拉托斯与基米特里斯·帕派奥阿努、斯庇罗斯·沃雅迪基斯，以及瓦西里斯·帕帕瓦西里乌一起，主要从事舞台表演，将希腊话剧推到了一个新高度。在电影表演艺术方面，米哈伊尔·卡克亚尼斯的作品闻名世界。在电影艺术领域，需要特别关注作家尼科斯·卡赞扎基斯（1885—1957），他的作品经改编后，由朱尔斯·达辛执导的《耶稣重返十字架》，米哈伊尔·卡克亚尼斯执导的《希腊人佐巴》，以及马丁·斯科塞斯执导的《基督最后的诱惑》这三部电影，使卡赞扎基斯闻名于世。他赞美人类的不理性才能，崇拜英雄主义，反映出西方知识界在两次世界大战期间偏爱尼采主义的倾向。20世纪60年代，尼科斯·库杜罗斯完成《德克拉斯》的拍摄，剧中主演迪诺斯·伊利奥普罗斯曾经是一位颇受欢迎的喜剧明星，后来转型成为悲剧演员。另一位享有国际声誉的导演是塞奥·安哲洛普洛斯，1988年他在戛纳电影节上凭借《永恒与一日》获金棕榈奖；他还导演了一系列经典影片。

（四）音乐艺术

16—19世纪，西方音乐开始复兴，希腊与古典的欧洲传统音乐遂被割裂开来。1830年希腊独立后，传统音乐包括两方面：一是起源于后拜占庭时期的"通俗"音乐，主要受到礼拜音乐的影响；二是伊奥尼亚群岛的意大利学院派音乐。20世纪希腊的传统音乐分为两种，分别是早期流行于乡村的歌曲，以及1922年小亚细亚难民到达希腊后出现的新城市音乐。希腊独立后，许多居住在欧洲的希腊人返回家乡，成为传播欧洲音乐文化的使者。卡帕蒂斯特里阿斯与奥托国王设立乐队，最早将钢琴引进希腊，并在学校开设音乐课程，从德国、意大利以及伊奥尼亚群岛邀请音乐家前来雅典演出。希腊成立了许多音乐学院和各种管弦乐队、合唱团、音乐社团，并组织各种舞台演出，歌剧自此传入了希腊。20世纪50—70年代的埃皮达鲁斯剧场和雅典艺术节，由指挥家基米特里斯·米特洛普洛斯创立的表现传统的爱乐乐团,以及近来兴建的"大音乐厅",都使得雅典成为欧洲重要的文化中心。

(五)文学艺术

希腊文学保留了君士坦丁堡法纳尔人的刻板与做作的传统,但1864年加入希腊王国的伊奥尼亚文学家们仍然用无法研究的方言进行写作。来自扎金索斯的天才作家安德烈·卡尔沃斯(1792—1869)曾创作了许多诗歌,但直到许多年后他才被"发现";而与他处于同一年代的狄奥尼西奥斯·索洛莫斯(1798—1857),则使诗歌摆脱了格律诗的束缚,他非常擅长撰写白描诗句,并为此后的各种诗歌形式奠定了基础。擅长撰写格律诗的诗人有乔治·维齐诺斯和亚历山大·帕帕狄阿曼提斯(1851—1911),后者还是一位极具天赋的短篇小说作家。艾曼纽尔·罗伊迪斯(1836—1904)用他尖锐讽刺的诗句,在社会批评领域开创了重要的先例。20世纪上半叶,无论是倡导口语的雅尼斯·普希卡里斯(1854—1929)等人的作品,还是倡导净化希腊语的支持者的作品,虽然在今天看来都比较陌生,但科斯提斯·帕拉马斯(1859—1943)使用的奔放的口语,还是在其极富想象力的诗句中得到完全的绽放。与抒情主义相对的,是来自亚历山大的康斯坦斯·卡瓦菲(1863—1933)主张的陈述主义,他的选集只有一卷,却是希腊文学史上的重要篇章。帕拉马斯与卡瓦菲创作的诗歌是希腊精神的两个不同化身:前者预示着希腊领土的统一,后者反映出希腊统一的实现。被称为"20世纪30年代的一代"的作家,代表人物有乔治·塞奥托卡斯(1906—1966)、康斯坦丁·迪马拉斯(1904—1992)以及科斯马斯·波利提斯(1888—1974),他们的共同特征是偏爱自由民主制度和政治现代化。新一代诗人,如乔治·塞菲利斯(1900—1971)和奥狄塞阿斯·艾利提斯(1911—1996)获得诺贝尔文学奖,标志着希腊诗歌所取得的最高成就。20世纪70年代,诞生了马诺里斯·阿纳格诺斯塔基斯以及莱夫特里斯·布里奥斯等诗人。

第三节　古希腊哲学

"哲学"源于古希腊语，古希腊人赋予其特定的含义是：竭尽全力理解所有的事物，即热爱和追求真理。古希腊哲学在人类哲学史上占有很重要的地位。平民与贵族的斗争，贫者与富者的斗争，奴隶与奴隶主的斗争，奴隶主内部民主派与寡头派的斗争，城邦之间的争霸斗争，充满了古希腊的历史。在这些复杂的斗争中，出现了西方古代史上百家争鸣的局面，古希腊哲学就是在这样的历史条件下产生和发展起来的。这种百家争鸣的局面同时得益于贸易的发展，有贸易就有人员的流动，各种思想汇集到一起必然碰撞出火花。雅典在战胜波斯人后成了古希腊商贸最发达的城邦之一，完善的民主制度吸引着各处人才，并且赋予他们思考和智慧的灵光。

古希腊人崇尚智慧，他们心目中掌管智慧的神祇是美丽而神通广大的雅典娜。古希腊涌现过许多的哲人和圣贤。希腊很早就出现了朴素的唯物主义和辩证法。公元前6世纪，在小亚细亚的希腊人城邦中开始出现了一些哲学派别，米利都学派的创始人泰勒斯认为万物源于水，肯定了宇宙成因一元论，被称为"科学之父"；阿那克西曼尼坚持弥漫四周的空气是宇宙根本；爱非斯学派的创始人赫拉克利特则认为万物源于火，他说："这个世界，既不是由一个神，也并非由一个人所造，很早就是，现在也是，将来也是一个永存的火。"赫拉克利特还认为世界处在不断变化之中，"人不能两次踏进同一条河流"。与唯物主义派别相对立的是以毕达哥拉斯为代表的唯心主义学派和形而上学的埃利亚派。毕达哥拉斯认为，万物的始基是数，由数而有形，由形而有物。他把抽象的数的概念看作第一性，陷入了唯心主义。埃利亚派认为世界的本源是"存在"，一切存在必然为"一"，并且是静止的。他们说"飞矢不动"，其理由是箭在每一瞬时都在空间上占有一个位置。这是典型的形而上学观点。公元前5世纪—前4世纪，在古希腊的哲学领域，唯物主义与唯心主义的两军对垒又有了进一步的发展。唯物主义的杰出代表是德谟克里特，他认为世界本原是原子，代表了古希腊哲学的最高成就。唯心主义的主要代表是苏格拉底、柏拉图，以及后来的亚里士多德。苏格拉底认为万物源于神。而柏拉图哲学的核心是"理念",他认为存在"两个世界",即理念世界和现实世界,且理念先于现实。柏拉图认为万物取决于理念,崇拜超越肉体和精神的真理之爱,憧憬没有堕落、贫穷、暴虐和战争的社会。在他的"理想国"里,人人都有权接受教育,由贤明统治愚昧。亚里士多德继承了柏拉图的事业,他对于哲学、政治学、逻辑学、修辞学、诗学乃至物理学等自然科学,都有深入的研究,被认为是古希腊文化的集大成者。

第四节　古希腊史学

古希腊人很早就有了历史意识,荷马就扮演了一部分史学家的角色,他的诗虽有文学成分,但也不乏众多的历史事实。特洛伊的成功发掘本身就证明了荷马记载的真实性。古希腊有三位最著名的史学家:希罗多德、修昔底德、色诺芬,他们在史学方面有着突出的成绩。

希罗多德所著《历史》一书共九卷,记录了大量珍贵的历史资料,主要描写了希波战争的过程。希罗多德也因此书在西方获得了"历史之父"的美誉。除此之外,《历史》一书也有大量关于波斯、腓尼基、埃及、巴比伦、印度、吕底亚、希腊的往事的描写。

修昔底德更是把古希腊史学推向新的高峰。他曾亲历发生在公元前5世纪末的伯罗奔尼撒战争。战争的创痛,国家和个人的兴衰际遇深深冲击了修昔底德的心灵,因而他撰写的《伯罗奔尼撒战争史》垂诸永远,在史学史上树起一座令后人敬仰的丰碑。与希罗多德所著的《历史》相比,修昔底德的作品结构更严谨。他在书中记录了各种人物的大量演说,借以表达有关各方面的思想和见解。他的书中有大量关于军事、政治斗争方面的史料,而关于当时社会经济、政治制度方面的资料很少。

色诺芬著有《希腊史》《万人军远征记》《经济论》等作品,都具有一定的史学价值。其中,《希腊史》记述了古希腊由盛而衰的全过程。

第五节　古希腊的道德伦理

　　以黄金时代的希腊人为例，公元前5世纪—前4世纪的希腊居民，基本上分为三个不同的集团：公民、外邦人和奴隶。他们虽然有着不同的道德标准和生活方式，但作为希腊人的总体还是有着较为一致的道德伦理及社会习俗。纵观古希腊人道德观的演变，可分为希波战争前后及伯罗奔尼撒战争之后两大时期。随着希腊城邦国家的兴起、繁荣与走向危机，人们的道德观念也随之发生了巨大变化。希波战争前后，希腊城邦正在兴起并走向鼎盛，城邦在公民的心目中是神圣的、崇高的，因此，当时人们尊崇的美德、善德就是"中庸"，刻在德尔斐神庙上的格言就是"不偏不倚"，这也是希腊人的理想。亚里士多德学说的全部基础就建立在这一格言上。如："善德就在于'中庸'。""德性是一种适度或中间的情形。"亚里士多德所说的"中庸""适度"，也就是传统的古希腊公民"四德"：节制或温厚，正义，勇毅，端谨或明哲。柏拉图则认为道德是一种"秩序"。他说，"每种东西的道德——无论是身体或灵魂，奴隶或造物主，都不是由机会得来的，而是与他们不可一日离开的秩序、真理及艺术的结果"，而"正义"就是灵魂中的三种势力——理智、情感与欲望维持的相互平衡关系，即每一种势力在不同的阶段中按照它自己的地位运动，做自己适当的工作。由此可见，柏拉图的"秩序"与亚里士多德所说的"中庸"是一致的，而且道德即美德，"美"就是中庸、秩序与和谐。

　　古希腊人对幸福与快乐也有自己的理解，他们认为幸福中最重要的是：第一是要能够反抗琐碎烦恼，有充分的公民资格；第二，要能保全健康，不失其体格的优美；第三，要有子孙，老年时有人奉养。亚里士多德曾给"快乐人"下过定义："一个快乐人，他的活动要依照于完全的德性，并有适合的外面幸福来供给，不过这种外面幸福不是为一时的，而是为完全一生的。"柏拉图认为最高的幸福是：第一为健康；第二为美；第三为体格的强壮与活泼；最后为财富，不过这种财富要用得得当。但他还认为，要完成这种程序，还必须要有两种东西：一为成功，二为名誉。古希腊著名政治家梭伦认为，所谓快乐的人，就是"身体发肤毫无所损，从来未被病魔缠过，既有幸运，复多子孙，而外貌亦极为文雅"，并且"能死得其所"。

正因为古希腊人具有以上的道德观，所以他们在财富的积累和分配上是较为平等的。首先，自荷马时代至古典时代，希腊人异常好客，未经介绍的陌生人也照样欢迎，这是希腊人的一种美德。其次，有钱的公民愿在政府或私人举办的慈善事业中慷慨解囊，在重大庆典活动中出资举办各种戏剧演出。同时，他们还兴办各种慈善机构，设有各种照顾外乡人以及贫、病、老、弱人群的救济机构。希腊人过着简朴的生活，不重视物质舒适和财富，他们所关心的是有闲暇去从事政治活动，或在市集闲谈与听讲，从事各种文化和艺术活动。

第六节 希腊精神

美国作家依迪丝·汉密尔顿在其所著的《希腊精神》一书中写道："西方精神，也就是现代精神，是希腊人的创建。希腊人是属于现代社会的。""希腊精神的繁荣发展带来的累累艺术硕果正说明了精神力量在希腊的存在。"从古希腊的文明发展史来看，"希腊精神"就是一种追求自由的人文精神、追求卓越的体育精神、追求真理的科学精神，它是西方精神、现代精神的源头所在。

一、追求自由

希腊国旗上的九条宽带寓意"不自由毋宁死"。古希腊神话里的悲剧英雄的抗争，始终围绕着一个永恒的主旨，那就是自由。可以说，希腊的人文精神是对自由的吟唱，是一种求真、向善、爱美的自由精神，一种不问功利、天真烂漫的赤子情怀。正如陈嘉映先生在其主编的《希腊精神》一书的中译本序《希腊是一个奇迹》中所指出的，"希腊人自己知道他们出类拔萃，在希罗多德、埃斯库罗斯、苏格拉底、伯里克利的著作和演说中，在几乎所有希腊作品中，我们都能看到这一点。他们清楚，他们是自由人，而别的民族生活在奴隶状态中。与当时所有别的社会相比，自由的个人是希腊最鲜明的特征，也是希腊人留给后世的最宝贵的遗产"。

二、追求卓越

希腊人重视体魄的健美，充满游戏精神，热爱"更高、更快、更强"的竞技体育，同时又十分讲求规则和公平，这种体育精神也是希腊的突出标志。在希腊人看来，追求卓越并非只为满足内心需求，也不是用来换取各种琐碎利益的手段。希腊人追求的不只是"活着"，而是"活力"，是富有魅力、活力四射的生活，是大自然的美，是生命力的洋溢。

三、追求真理

希腊人对理智的崇尚、对真理的追求，极大地焕发出希腊人的才华与激情，成为希腊精神建设的原动力。希腊人在心智生活的各个方面，其突出特点是对鲜明形式的追求。形象、显现、展示，具有头等的重要性。理智是塑造更高形式、追求真理的必由之路。正是出于这种追求，希腊人展现出了我们今天称为"科学精神"的东西。天文学是从巴比伦传到希腊的，到了希腊，它就完全与星相学摆脱了关系，成为标准意义上的科学，从而具有新的意义，并且很快就有了新的发展。

第六章 社会

第一节 人口、民族与宗教

一、人口与民族

希腊全国人口1 082.3万（2015年），98%以上为希腊人，其余为穆斯林及其他少数民族，如斯拉夫人（马其顿人）、瓦拉几亚人、阿尔巴尼亚人、土耳其人等。根据世界经济合作与发展组织的研究报告，2016年希腊人的平均寿命为81.5岁，超过世界经济合作与发展组织成员国人口平均寿命（80.6岁）将近1岁，处于世界的前列。在希腊的卢卡利亚岛上有大约33%居民的寿命达到90岁或以上。

希腊最大的城市雅典，人口数量有400多万。第二大城市塞萨洛尼基，有大概100万居民。希腊超过60%的人口聚居在城市中。

二、宗教

东正教为希腊国教，同时也容许其他宗教的存在。希腊人多信仰东正教，约占总人口的98%。

宗教在希腊生活的各个领域起着巨大的作用，特别重要的是，它为希腊的思想和艺术生活提供了生长发育的土壤。宗教在回答许多关于宇宙的基本问题方面具有精神的、心理的和社会的作用，强烈地影响着希腊人的生活方式，宗教对思想和艺术的发展也有很大的促进作用。深深根植于社会组织中的宗教信仰和价值观念需要不断地得到作家和艺术家的诠释和阐明，这使得希腊人的日常生活与文化活动建立起了联系。虽然希腊的思想和表达方式沿着超越希腊宗教确定的世界观的道路发展，但希腊文化从来没有完全失去与其宗教根源的联系。

第二节　传统风俗

一、礼仪习俗

（一）相见礼仪

一般来说，希腊人在社交场合与客人相见时行握手礼，在许多情况下他们也以拥抱、亲吻来表示自己的友好。希腊人在路上与他人相遇时，即便素不相识，也会向对方问候，以示友好。希腊人比较守规矩，谦让他人。如果道路狭窄，他们总是让对方先行。对其多姿多彩的历史、古迹、哲学、艺术、政治，希腊人深以为荣。与希腊人聊天的话题应避免谈及希腊国内政治以及希腊和塞浦路斯的关系，以免使自己陷入失言的困境。希腊人善于交谈和雄辩。悠久的历史文化传统和地中海的气候环境造就了希腊人坦诚、热情、豪放的性格。

（二）仪态礼仪

希腊人在行为举止上有许多讲究。他们不使用招手和摆手的动作，认为这是蔑视他人的一种行为，手离对方的脸越近则侮辱性越强。他们表示告别时，通常将手背向着对方挥动。他们还认为久久地凝视别人是不怀好意的表现。当众打喷嚏和用手帕擦鼻涕更是十分忌讳的。希腊人认为打喷嚏是不吉利的。若清晨起床时听到喷嚏声，有的希腊人还要立即上床卧睡，以此来躲避晦气。在日常生活中，希腊人有一个特有习俗，即摇头表示肯定，而上下点头却是表示否定。

（三）服饰礼仪

希腊人十分注意着装整洁。在正式社交场合，男子通常穿深色西装，打领带或系领结。在希腊做商务访问，宜穿着保守式样的夏季薄料西装。

(四)商务礼仪

到希腊进行商务活动的最佳月份是当年9月至次年5月。只有在拜访政府机关或工厂时,才需要事先约定。见面时,希腊人通常会递上一杯浓稠的咖啡,对此不宜拒绝。希腊商人性格开朗、有幽默感。对方如滔滔不绝地说话,最好恭敬地倾听。

(五)餐饮习俗

希腊人以面食为主食,有时也吃米饭。他们喜欢吃牛肉、羊肉,常吃的蔬菜有番茄、土豆等。希腊人的晚餐开始得很晚,在雅典城里晚饭一般是在10点以后才开始。他们喜欢喝土耳其咖啡,喜欢品酒,午餐、晚餐都要喝酒。

(六)赴宴习俗

在社交场合,希腊人在应邀赴宴方面与欧洲其他国家不同,即一般不会提前到达,而是晚到20~30分钟。若准时抵达,可能会给主人带来不便,也许他们还没有换好礼服,也许宴会尚未安排就绪。

(七)婚礼习俗

希腊人的婚礼仍保持着浓郁的传统色彩,婚礼一般在星期日举行,新郎、新娘身着结婚礼服,新娘头上还蒙着一块淡红色的头纱,然后在亲友们的陪伴下前往教堂,由神父主持婚礼。

(八)送礼习俗

悠久的历史,使得希腊人酷爱文化艺术,他们向亲朋挚友馈赠的纪念品也多是一些反映希腊灿烂文明的书籍、画册、大理石雕像或古文物复制品。他们有时也向外国朋友赠送家乡特产,如橄榄油、无花果、葡萄酒或希腊特有的乌苏酒。

(九)新年习俗

希腊人的节庆活动丰富多彩。新年时家家户户都要做一个大蛋糕,里面放入一枚银币,家人分吃时谁吃到银币,寓意着谁将在新的一年里吉祥如意。在希腊的一些乡村,每逢新年到来,人们便带着一块大石头作为礼物到亲友家拜年,并把它放在地板上,向主人祝愿说:"愿你家有一块像这石头一样大的金子!"

(十)宗教习俗

多数希腊人信奉东正教。女士进入教堂,一定要身穿长裙(胳膊不能外露),不可走到圣坛后面。圣诞节前后两周,东正教复活节前后一周及每年的七八月因系度假时节,均不宜做商务拜访。

(十一)旅游习俗

希腊的铁路、公路客运业,市内交通业均由国家经营,随着旅游业的发展,水陆交通发达。但雅典等大城市由于私人轿车过多,所以交通十分拥堵。现在不少当地人外出改坐摩托车。到当地的集市购买东西很便宜,这里可以讨价还价,顾客可以随便挑选东西。坐出租车,可付10%小费,旅馆等小费已附加入账单内,但可给服务生5%小费。在餐馆或酒吧通常应付给服务员相当于餐费15%的小费。在希腊拍照,绝对不能旁若无人地立着三脚架。因为希腊政府有规定,立三脚架必须经过官方同意。

二、主要禁忌

希腊人忌讳数字13和星期五,认为它们是不吉祥的;不喜欢黑色,认为其象征死亡;也不喜欢猫,尤其厌恶黑猫。到希腊人家中做客,忌过分赞赏某件东西。希腊民间崇拜蛇,并喻其为神;还把盐视为圣物,在祭神的时候,忌缺少盐。

三、节假日

希腊重要的社会节日有:
国庆日(独立日):3月25日(1821年起)。
抗击意大利入侵日:10月28日。
复活节:春分月圆后的第一个星期日。
圣诞节:12月25日。

第三节　体育运动与新闻出版

一、体育运动

热爱体育运动是希腊人的古老传统。公元前2000年的克里特的精美壁画告诉我们,当时就已经开始了跳牛、赛马、拳击、摔跤等体育运动。古希腊还是奥林匹克运动会的发源地。公元前776年,古希腊人规定每四年在奥林匹亚举办一次运动会。运动会举行期间,全希腊选手及附近百姓(选手和观众一般仅限男生)相聚于希腊南部小镇奥林匹亚。

事实上,古代奥运会之所以在古希腊出现,是由地理环境、经济、生活方式、文化习俗、宗教信仰、价值观念、审美观点等多种因素形成的一个客观历史现象。历史学家一般都认为,竞技表演从公元前776年开始以比赛形式出现,因而人们通常把这一年作为古代奥林匹克运动会的起始年代。

从公元前776年开始的长达500年期间,比赛项目逐步增加,从单一的赛跑发展为包括摔跤、混斗、拳击、四马战车赛、马车赛、角力、赛马、五项运动项目等的综合运动会,这些比赛项目多与军事技能有关,反映了战争对奥运会比赛项目发展的驱动作用。虽然古代奥运会的比赛项目有明显的军事烙印,但是奥运会本身是整个希腊民族欢聚一堂的盛会。虽然各城邦间的冲突经常发生,但它们之间的联系也是十分密切的。在现代,希腊在足球、篮球、排球、田径、游泳和航海等体育运动项目中都取得了骄人的成绩。

二、新闻出版

当今的希腊,在新闻出版方面,发行各类报纸近200种,杂志近千种,但发行量有限。全国发行量较大的主要日报有《消息报》《每日报》《论坛报》《自由新闻报》等。重要的新闻机构有:雅典社,1896年成立,是官方通讯社,同世界各主要通讯社均有联系;马其顿通讯社,1991年成立,是希腊半官方通讯社;希腊新公共电视台(NE-

RIT），2013年成立，其前身为希腊广播和电视公司。希腊广播和电视公司于1966年正式开播，2013年受债务危机影响被政府接管，曾受政府新闻部领导，统一管理2个国有电视台，4个广播电台，并依法批准核发地方和私人广播电视台的许可证。首家私营电视台于1988年开播，较有影响的私营电视台有"MEGA""STAR""ANTENNA""SKAI"等。希腊有私营电视台近百个、私营广播电台近1 000个。

第四节　社会保障

在2000年国际健康组织的报道中，希腊的医疗保障体系在全球191个被调查的国家中位列第十四位，在服务质量上位列第十一位。2010年，希腊共有138家医院和31 000张病床，为本国居民以及其他欧盟国家公民提供了可靠且专业的医疗服务。

希腊医院分公立和私立两种。公立医院可免费就诊，但就诊人数较多、耗时较长。私立医院服务质量较高，但价格较贵。希腊药店随处可见，一般在店外挂有绿色十字标牌，药店一般根据处方提供药品，药品供应充足。

据世界卫生组织统计，2012年希腊人均寿命男性是78岁，女性是83岁。2012年希腊全国医疗卫生总支出占GDP的9.3%，按照购买力平价计算，人均医疗健康支出为2 346美元。2006—2012年，希腊平均每万人拥有医院床位50张。

希腊人享有各种社会补助，如退休补助、失业补助、教育补助、医疗补助、分娩补助、智障养老补助、保险补助等。希腊公立教育从幼儿园到高中全免费，大学收取少量费用，大约每学年100欧元。但私立学校收费高昂。

第五节　移民与难民

自有历史记录以来，就有很多人迁入或迁出希腊。过去人们被迫离开家园，并不完全是由于贫困，而是期望过上更加美好的生活。南方的气候温和，总是能吸引气候不那么好的北方的居民南迁。到了近现代，资源稀缺又迫使过剩人口迁离。战争也是迫使人们离开家园的原因之一，从希腊独立到20世纪40年代，人们一般是作为移民离开希腊，而作为难民来到希腊。前者离开希腊往往是出于自己的意愿，后者来到希腊却是迫于艰难的时局。从中世纪晚期外族入侵并定居下来开始，直到20世纪晚期的来自邻国以及其他贫穷国家的移民潮，希腊一直是人口输出远远高于人口输入的国家。唯一的例外是小亚细亚浩劫之后的难民数量远远超出所有外来移民的数量。在外族统治的数个世纪中，来自内陆和各个岛屿的希腊人在黑海沿岸的旧殖民地重新安置下来，并在巴尔干半岛北部和地中海北岸建立新的殖民区。与此同时，散居的希腊人在巴黎、伦敦、阿姆斯特丹等西欧城市建立起希腊商人社区，充分显示出希腊民族史中最具影响力的特征：即使在非常困难的时期，这片土地仍然能够以惊人的能力制造着过剩人口。

希腊独立战争期间，人口以及牲畜骤减，橄榄园和建筑等被毁，给新建的希腊王国留下来的是残破的、人口稀少的希腊半岛南部。各种各样的奖励政策，如许诺分配土地，实行比较宽松的公民法案（1835年），都无法吸引更多人到希腊定居。回到希腊的大多是来自土耳其的赤贫难民，或者是在克里特每次领土收复起义中被残酷镇压后逃难出来的赤贫难民。希腊独立初期，可称为外来移民的是和奥托国王一起来到希腊的德国军官或士兵和某些领域的专家。不过，他们中间的大多数文官和所有的德国军人，早在奥托国王被迫退位之前都已离开希腊。19世纪晚期，在雅典具备欧洲大城市的一些特征之后，国外希腊富商回到希腊。

第一次世界大战的爆发，特别是1917年希腊公开加入土耳其的敌方阵营后，身在土耳其的希腊人承受的压力进一步加重。1918年土耳其战败，次年希腊军队在示麦那（今伊兹密尔）登陆，以及随后爆发的希土战争，导致希腊人出逃以躲避土耳其政府的镇压。1922年，随着土耳其前线军队的溃败和撤退到海岸，不受欢迎的人们被大规模地驱逐，有一百多万希腊人放弃家园退守到东地中海岛屿上，最终定居在希腊。希腊人原来居住的繁华都市，如伊奥尼亚海岸边的示麦那城被土耳其人付之一炬。希腊政府竭尽全力并相当成功地应付了这场大灾难。根据1923年的《洛桑条约》，土耳其的希腊人要与希腊的穆斯林进行交换,后者的土地分配给被交换来的希腊人,难民主要安置在讲希腊语并不占多数的希腊的马其顿地区。

19世纪末和20世纪前25年,几乎每个省份都有许多人移居国外。其原因在于:当时伯罗奔尼撒半岛种植葡萄的居民收入大幅缩减;山匪出没的马其顿地区长期处于不安全状态。除了国内的贫穷与不安定之外,还有对欧洲以外地区的富足生活的向往,再加之对于签约的劳工而言,比雷埃夫斯、帕特雷和塞萨洛尼基等港口,以及一些自由关口都很容易到达,因此,许多希腊年轻人都涌向澳大利亚、加拿大,特别是美国。事实上,第一批移民当中几乎有一半人返回希腊,有些人回来参加1912—1913年的巴尔干战争或第一次世界大战。经历了20世纪第一个25年期间空前数量的人迁入、迁出之后,希腊度过了相对平静的20多年。在此过程中,希腊接收了多达60多万赤贫难民。虽然花费了巨大的努力,但由此获得的经验也极大地充实了希腊。

20世纪40年代上半期的第二次世界大战以及国家的沦陷,制造了新一轮的难民潮和移民潮。伊庇鲁斯的阿尔巴尼亚穆斯林,以及马其顿的斯拉夫人,主动与轴心国占领军合作,超出了希腊人的容忍限度。因此,前者在1944年德军撤离前夕离开了希腊,后者在20世纪40年代后半期希腊政府军与共产党起义军进行内战时越过边境离开。马其顿地区的斯拉夫人口因此大幅减少。在后来的20年间,留在这里的年轻人与希腊的其他移民一起,移居到北美和澳大利亚。

1950—1975年,有50万希腊人移民到西欧,大多数在西德做客工,但希腊人很少能成为德国公民。根据希腊的统计资料,目前西欧有60万希腊人,主要集中在德国。在1989年苏联的最后一次人口普查中,有35.8万人自称具有希腊血统。据美国的统计资料,1980年具有希腊血统的美国居民有98万人,美籍希腊人高达125万人。此外,到2000年,在希腊的经济移民已超过100万人。有些人将长期定居在这里,在补充了希腊的人口赤字的同时,也将面临融入一个文化同质的希腊社会中的困难。

第六节　科技教育

一、自然科技

古希腊人对宇宙的奥秘和自然规律表现出浓厚的兴趣。亚历山大大帝的远征几乎让希腊人看到了世界"尽头",面对波涛汹涌的印度河、人迹罕至的高加索,他们不禁感慨从前的无知和愚昧。与此同时,在亚、非、欧的汇集处希腊化城市大量兴起,图书馆也如雨后春笋般建立,这无疑给科学的蓬勃发展提供了契机。众所周知,古希腊的自然科学是从哲学中分离出来的,而后逐渐发展成为独立学科。古希腊人凭借着追求自由、追求卓越、追求真理的"希腊精神",不仅在数学、天文学、物理学等方面取得了显著的成就,在医学、生物学、地理学、植物学、动物学等方面也都取得了探索性的成果,为现代学科发展奠定了扎实的基础。

(一) 数学领域

毕达哥拉斯很早就发现了"宇宙大定理";欧几里得总结前人经验创立了系统的几何学,他的《几何原本》流传千年而不衰,直到现在仍是欧洲大学里流行的教材;阿基米德善于思考,他从洗澡盆中溢出的水里悟出浮力的存在,求出了浮体均衡位置的数学公式,进而创立了液体静力学。

(二) 天文学领域

古希腊的天文学得益于巴比伦的天文学研究成果,萨摩斯人阿里斯塔克早在哥白尼之前就怀疑过"地球中心论",希巴库斯制成了当时主要的天文仪器观像仪及象限仪,发明了以经纬线确定地面位置的分度法,并以相当接近准确的数值算出阳历年、阴历年及恒星年的长度。

(三) 物理学领域

亚里士多德是古希腊第一个从事物理学研究的人,著有世界上第一部物理学专著——《物理学》，他研究的是简单的机械运动现象。除此之外，泰勒斯认为磁石吸铁，是因为磁石有灵魂。阿那克西曼德和阿那克西美尼分别对风和虹的形成做了大致正确的说明。恩培多克勒也认为，听觉是声音造成的，声音是空气振动造成的。毕达哥拉斯派研究了弦的长度和音律的关系。埃利亚的芝诺提出四大悖论。

（四）医学领域

希波克拉底和毕达哥拉斯学派的阿尔克芒被认为是古希腊的"医学之父"。《希波克拉底全集》共59篇，集古希腊医学之大成。该派的理论和医术比现代以前任何时代的见解都超前。希波克拉底认为疾病是人体的自然过程，主张用观察和实验方法研究疾病并创立了"四体液病理学说"，认为人体由血液、黏液、黄胆汁和黑胆汁四种体液组成，这四种体液的不同配合使人们有不同的体质。他把疾病看作发展着的现象，认为医师所应医治的不仅是病，更是病人，从而改变了当时医学中以巫术和宗教为根据的观念。他主张在治疗上注意个性特征、环境因素和生活方式对患病的影响；重视卫生饮食疗法，但也不忽视药物治疗，尤其注意对症治疗和预防。他对骨骼、关节、肌肉等都很有研究。阿尔克芒为了研究人的生理构造，在了解埃及人知识的基础上解剖过人体。他发现了视觉神经联系耳朵和口腔的欧氏管，还认识到大脑是感觉和思维的器官。他的工作实际上为西方解剖生理学开了先河。

希腊医学中的许多知识直接来自埃及和两河流域。大约在公元前5世纪，出现了以行医为业的医生，并逐渐形成一些医学派别。在医学领域，医学兼解剖学家赫罗菲拉斯（公元前4世纪）作为创始人，建立了亚历山大城的一个医学派别。赫罗菲拉斯较为重视实际经验，对人体很多器官进行了很好的描述，譬如他接受了阿尔克芒的观点，批判了亚里士多德把心脏看作思维器官的说法。他是第一个区分动脉和静脉的人。接着，埃拉西斯特拉塔（公元前304—前250）考察了人体中动脉和静脉的分布以及大脑的功能，第一个将生理学作为独立学科加以研究。他还提出所谓的"灵气"学说，认为空气被人吸进肺部之后进入心脏变为"活力灵气"，再通过动脉流向全身，"活力灵气"的一部分流入人脑变为"灵魂灵气"，再通过神经动脉流向全身。欧德谟（公元前3世纪）研究面更广，其解剖研究骨骼、神经、胰腺，甚至胚胎。这个学派为欧洲的医学奠定了基础。

（五）生物学领域

阿那克西曼德曾想象人是由鱼变来的，因为人的胚胎很像鱼。亚里士多德采用的解剖和观察法在生物学史上是首创的。狄奥弗拉斯特（公元前372—前286）继承并发展了他的老师亚里士多德的成就。

（六）地理学领域

在古希腊后期，亚历山大城图书馆馆长埃拉托色尼（公元前273—前192）著有《对地球大小的修正》《地理论述》，记载了许多地方的地形、气候和矿产，记载了地球周长，其值与今天测得的赤道周长仅差385.13千米。他用巧妙的办法确定了地球上山川的位置，绘制了世界上最早的用经纬网格表示的地图。

二、教育

希腊自古以来重视教育，重视知识，重视人才，重视研究。中世纪的希腊，只存在教会和修道院在夜间开办的"隐藏的"或"秘密的"学校，由牧师或修道士教学生读写，牧师们参与了世俗教育。事实上希腊启蒙运动中的一些卓越代表就是神职人员，他们要么自己建立学校，要么受邀到学校任教。18世纪，随着希腊商人在奥斯曼帝国的经济生活中逐步确立地位，希腊语学校不断增加，到18世纪末学校数量已相当庞大，并逐渐成为希腊区的主要特征。

希腊的独立给希腊语学校带来井喷式发展，不但在希腊当时的领土上出现大量希腊语学校，巴尔干半岛的其他地区也出现不少。希腊独立后的所有城镇逐渐出现一些国立小学和中学，随后发展到几乎所有主要村庄。1837年创立的雅典国立卡波迪斯特里亚斯大学（即雅典大学）开创了希腊教育的新时代。这所大学不仅造就了希腊大陆的第一批知识分子和专业人才，在很大程度上也为巴尔干其他民族培养了知识分子和专业人才。与巴尔干其他教育机构相比，第一所希腊大学尽管不是有意，却推动了巴尔干受教育精英的成长，培养出来的这些人后来又支持巴尔干各民族建立独立国家。在建校之初的40年当中，共有1/5的学生来自希腊王国以外的地区。此时王国以外的希腊人至少拥有 2 000 所超过百年的学校,学生数量超过 15 万人。在 19 世纪的最后 25 年中,巴尔干半岛南部也出现了一些保加利亚人和巴尔干其他民族建立的学校,在国家的支持下,每年有大量的教师前往境外的希腊语学校并向其赠送书籍。

无论是早期的教会学校或公立学校,还是希腊独立后的民族学校,都相当深远地改变了现代希腊。

希腊的教育经历了一个长期发展的过程,教育立法较早,随着社会的发展变化,其立法条款不断修改和增加。当今的希腊,在教育方面实行九年义务教育制,公立中小学免费,大学实行奖学金制。希腊的教育体系可以分为三个阶段,即初等教育、中等教育和高等教育,外加中等教育基础上的职业培训。希腊的学前教育、初等教育和中等教育的前一阶段都是强制性的,所有 6~15 岁的儿童都要参加。希腊的教育事务由希腊国家教育与宗教事务部负责。

初等教育分为一年或两年制的幼儿园教育和六岁入学的六年制小学教育。中等教育的初级中学教育课程设置范围广泛,目的是提供针对科目的知识,使学生为进入社会而做好准备。中等教育的高级中学教育包括两种三年制的学校类型:统一高级中等学校与技术职业学校。所有年级和种类的初等和中等教育都有公立学校和私立学校之分。

除了主流的初等和中等教育学校,还有特定方向的初级和高级中学(如音乐学校、教会学校、体育学校)。希腊还为返回希腊的希腊裔学生和外国或吉卜赛学生提供跨文化的教育课程。同时,还为色雷斯地区的信奉伊斯兰教的少数民族的教育建立了少数民族学校。此外,还有在大学监管之下运行的实验学校,来试验新的教学方法。

希腊的高等教育机构是由希腊国家教育与宗教事务部依照宪法第十六条建立的法律实体,受其监督,完全自行管理。公立高等教育分为大学、科技专科学校、技术教育机构和主要培训军队和神职人员的院校。高等教育的入学取决于学生在高中第三年年末参加的全国统一考试的成绩。大学教育一般为期四年(科技专科学校和其他一些技术或艺术院校为五年,医学院为六年);研究生课程为期 1~2 年,博士生为 3~6 年。

所有级别的教育都分公立学校和私立学校。很多私立学校、学院和大学与国家教育并行,提供学费补贴。

希腊全国共有21所大学,著名大学有雅典大学、克里特大学、帕特雷大学、雅典工学院等。其中,雅典大学是希腊独立后成立的第一所高等教育学院。

第七章 外交

第一节 对外政策

希腊因地处欧、亚、非三大洲的十字路口,地理位置十分重要,但因国力弱小,故希腊一直采取现实主义的平衡政策。

一、1974年以前的对外政策

英国自18世纪末期至20世纪50年代一直担当着希腊的主要保护国的角色。第二次世界大战和希腊内战结束后,美国则成为希腊战后重建的主要援助国家。20世纪60年代初,温和的中间立场观点开始占据希腊对外政策的主流,即一方面要在外交上争取更大的独立,另一方面继续保持和美国等西方国家的友谊。1967年,上校团通过军事政变上台,美国和希腊军人独裁政府保持亲密的关系,受到希腊社会的谴责,希腊开始重新考虑和北约的关系。

二、1974—1989年的对外政策

1974年,上校团下台后,希腊开始争取自主外交。

在卡拉曼利斯执政时期,希腊整体的对外政策仍采取温和路线,但在与土耳其的关系上坚持强硬立场。1974年,希腊军人在塞浦路斯策划政变,就此土耳其出兵塞浦路斯,希腊对北约在土耳其出兵塞浦路斯问题上所持立场不满,卡拉曼利斯郑重宣布退出北约,并表达了摆脱对美国的依附的决心。由于希腊位于北约南端,是西欧防御苏联

及其盟国威胁的关键一环，希腊退出北约后仍处于联盟的政治框架内。经过1978—1980年漫长而又艰难的谈判，希腊重新加入北约。卡拉曼利斯在担任总理期间，他的政治阵营摆脱无条件支持美国与北约的束缚。在土耳其出兵塞浦路斯的问题上，卡拉曼利斯政府在1975年2月成功使美国对土耳其实行武器禁运，还推动了联合国在塞浦路斯问题上做出大量决议。1975年的欧洲安全暨合作会议（CSCE）以及《赫尔辛基最后议定书》，使希腊在互不信任的巴尔干半岛各国之间充当着对话者的角色，受益颇丰。

在1976—1979年，卡拉曼利斯领导的新民主党实力逐渐减弱，泛希社运迅速崛起。1980年代，泛希社运上台，安德烈亚斯·帕潘德里欧在其担任总理的第一个任期内（1981—1985年），试图推行比较"独立"的外交政策，开始向第三世界示好。当不结盟运动开始衰落后，安德烈亚斯·帕潘德里欧选择与北非、中东地区在本质上反西方的中立国家建立联系，他还与其他五国（墨西哥、阿根廷、瑞典、印度和坦桑尼亚）领导人一起推动世界无核化，并继续推动巴尔干半岛的无核化。

在与欧共体和北约关系的问题上，希腊亲西方的外交本质没有改变。1981年，希腊正式成为欧共体成员国，发展与欧共体的关系成为希腊对外政策的重心。

三、1989年至今对外政策

苏联和东欧阵营的解体以及东西方对立的消失，使希腊逐渐意识到发展希腊和欧盟、美国等西方国家的关系对于希腊的发展极为重要。1990年7月，希腊与美国的合作防卫协议签署后，两国关系改善。在海湾战争期间，希腊海军对多国部队的支持，进一步强化了希美关系。1991年12月，《马斯特里赫特条约》（即《欧洲经济与货币联盟条约》《政治联盟条约》，统称《欧洲联盟条约》）正式通过，希腊积极推动欧盟的政治一体化。希腊在外交政策越来越欧洲化的同时，希美关系也在稳定发展。

当今的希腊强调维护民族利益和国家安全是外交政策的基本原则之一。保持同美国和欧盟的密切关系、改善和发展同巴尔干邻国的关系是希腊外交的重点。希腊对外关系积极促进和维护欧洲一体化进程，依托欧盟维护民族独立和国家安全是希腊外交政策的根本出发点。希腊积极发展同美国和北约的关系，主张北约与欧盟在维护和平与安全上共同发挥作用，支持欧盟组建欧洲多国快速反应部队。希腊积极发挥在联合国及其他国际组织的作用，倡导东南欧合作进程机制化，积极推动建立东南欧自贸区，鼓励和促进本地区国家融入欧洲。反对科索沃独立，支持土耳其加入欧盟，但前提是全面解决塞浦路斯的问题。重视与包括中国和印度在内的亚太国家关系，希冀通过加强经贸合作，从中、印等国的经济快速发展中获益，服务希腊经济的发展目标。

第二节　对外关系[①]

一、同美国的关系

二战后，希腊在政治、经济、军事上长期依靠美国。两国签有防务合作协定。希腊80%的军事装备来自美国。美国每年向希腊提供3亿美元的军事援助，主要用于购买军事装备等。美国在希腊仍保留一个军事基地。继卡拉曼利斯总理2005年访美，美国务卿赖斯2006年4月访希之后，两国副外长伯恩斯和瓦里纳基斯于2007年7月和10月互访，在促进希美关系，加强经贸、军事和反恐合作等方面达成一致，并就马其顿国名问题、塞浦路斯问题、希土关系、巴尔干局势、反恐合作等交换了意见。目前，美国是希腊第六大外商投资者来源国。2017年10月17日，美国总统特朗普在白宫会见了来访的希腊总理齐普拉斯一行。2017年，美国前往希腊旅游的游客从2016年的77.9万人增长到90万人，是希腊旅游收入的主要来源国之一。

二、同欧盟的关系

全面发展同欧盟的关系是希腊对外政策的重点。自1981年正式加入欧共体以来，欧盟通过欧洲发展银行和团结基金等渠道向希腊提

[①] 马凤春：《世界知识年鉴（2015/2016）》，北京：世界知识出版社，2016年。

供了大量的经济和发展援助,成为希腊改善交通、通信及基础设施建设的重要资金来源之一。希腊支持欧洲一体化进程,强调欧盟扩大应建立在平等与合作的基础之上。希腊于1992年7月批准《马斯特里赫特条约》,2001年,希腊加入欧元区,2002年,欧元在希腊正式流通。2004年,希腊在担任欧盟轮值主席国期间表现出色并成功使塞浦路斯加入欧盟。

三、同俄罗斯的关系

希腊十分重视发展同俄罗斯的传统友好关系,注重密切与俄罗斯发展能源和军事合作。2007年,两国关系在业已良好的基础上继续发展,双方高层互访频繁,成果显著。3月,俄罗斯总统普京访问希腊,双方签订了共同建造黑海至地中海石油管道项目的协议。6月,希腊总统帕普利亚斯访问俄罗斯,分别会见俄罗斯总统、俄大主教、总理及其他政要,就进一步加强双边政治、经贸、宗教及文化关系达成一致。12月,希腊总理卡拉曼利斯访俄,就加强双边政治、经贸、文化,特别是能源领域的合作及建立希俄部际混合委员会达成共识。2009年,希腊爆发了主权债务危机。在希腊债务问题上,俄罗斯提出愿向希腊政府提供救助,希腊则反对欧盟进一步制裁俄罗斯。2015年2月,希腊总理齐普拉斯在塞浦路斯接受访问时,重申希望担当欧俄之间的桥梁。

四、同邻国的关系

希腊主张睦邻友好,视巴尔干为重要外交场所,积极推动巴尔干的区域合作,谋求在该地区发挥主导作用;支持邻国加入欧盟和北约,反对科索沃独立;与马其顿存在国名分歧,主张通过谈判达成双方均可接受的解决方案。

土耳其是希腊的重要邻国,但由于塞浦路斯问题以及两国围绕若干爱琴海岛屿主权及大陆架划分的争端,关系长期不和。不过近年来,双方高层互动逐渐增加,关系逐步缓和。希腊支持土耳其加入欧盟。希腊与土耳其保持经济、文化、旅游等方面的交流与合作,努力扩大双边经贸合作,冷静处理双方分歧,保持希土关系总体稳定。

五、同阿拉伯国家的关系

希腊同阿拉伯国家有着传统友谊,并积极推动中东和平进程。希腊是最早呼吁黎以停火的国家之一,并利用各种方式,积极为应对该地区局势和创造未来中东和平做贡献。

六、同塞浦路斯的关系

塞浦路斯是地中海东北部的一个岛国,目前国家一直处于分治状态。

塞浦路斯在独立前,于1959年2月与英国、希腊、土耳其三国签订《苏黎世—伦敦协议》,确定了独立后国家的基本结构和内部两族(希腊族、土耳其族)的权力分配。1960年,塞浦路斯同上述三国签订《英希土塞保证条约》,由英国、希腊、土耳其保证塞浦路斯的独立、领土完整和安全;同希腊、土耳其订立有《同盟条约》,规定希腊、土耳其在塞浦路斯有驻军权。

1960年8月16日,塞浦路斯宣布独立,成立塞浦路斯共和国,希腊族、土耳其族两族组成联合政府,希腊族人任总统,土耳其族人任副总统。1963年,希腊族与土耳其族发生武装冲突。1967年,土耳其族另立"行政当局"。1974年7月,希腊军人集团在塞浦路斯发动政变,土耳其以"保证国"名义出兵塞浦路斯岛,占领北部37%的领土,并将土耳其族居民全部北移。战争中希腊族人约18万人南迁,产生了难民问题及失踪人员问题。自此塞浦路斯共和国长期处于南北分裂状态。自1975年起,为解决塞浦路斯问题,联合国和国际社会一直在努力斡旋,两族领导人在联合国秘书长主持下开始时断时续的谈判,但迄未取得突破性进展。

希腊是塞浦路斯独立的三个保证国之一,两国关系十分密切。希腊支持塞浦路斯希腊族在解决塞浦路斯问题上的立场,主张根据两族人的比例建立一个独立、统一和中央集权的联邦国家;继续致力于在联合国决议基础上的公正、可行的解决方案;支持塞浦路斯两族开展直接贸易等交流,改善气氛,使两族更加紧密。

七、同中国的关系

中国与希腊虽相距万里,但两国的经济和文化交往在史籍中早有记载。古代中国与古希腊文明同为人类早期文明的代表,中华民族创造出诗词歌赋、书画、雕塑及四大发明,古希腊也在科技、数学、医学、戏剧等众多领域颇有建树。两国的思想文化绵延数千年,融会贯通,为现代世界文明做出了重要贡献。自1972年6月5日建交以来,中希两国友好合作关系稳步发展,两国间友好、互信关系日益增强,在联合国及其他国际组织中合作密切。

(一)政治关系

近年来,两国高层互访频繁,中希全面战略伙伴关系持续发展,各领域内的友好合作不断扩大。

2014年2月,中希双方共同发表《关于深化全面战略伙伴关系的联合声明》。8月2日,79名中国公民搭乘希腊"萨拉米斯号"护卫舰安全撤离利比亚并顺利抵达希腊比雷埃夫斯港。此系希腊政府近年来第四次协助我国大规模撤离海外公民。

2015年2月、4月和2016年1月,中希总理通电话,就中希关系和两国务实合作交换意见。

2015年2月,中国海军第十八批护航编队对希腊进行为期5天的友好访问。根据中希两国总理的共识,2015年为中希海洋合作年,双方在海洋基础设施建设、海洋科技、海洋文化等诸多领域开展了一系列交流活动,并达成近30项合作成果。

2016年7月,中希双方共同发表了《关于加强全面战略伙伴关系的联合声明》。

2016年10月,中方出席了中欧文明对话会并为雅典中国文化中心揭牌。

(二)民间往来

中希两国间签有文化协定和为期三年的文化交流协定执行计划。自1979年两国签订科技合作协定以来,已先后召开10次科技合作混委会,合作项目涉及农业、能源、地学、海洋学、生物学、医学、社会学、材料和基础科学等领域,有些已取得较好的研究成果和经济社会效益。此外，中国国家文物局与希腊文化部在文物保护、博物馆建设等领域保持经常性交流。两国间建有记者团年度互访机制。

2007年9月—2008年9月，"希腊文化年"在华举办。

2008年3月，北京奥运会圣火取火及交接仪式在希腊成功举行。

2009年10月，希腊第一家孔子学院在雅典经济与商业大学正式挂牌，华夏文明与爱琴文明展开直接对话。希腊总统帕普利亚斯出席了揭牌仪式。雅典经济与商业大学是希腊最著名的大学之一。孔子学院将融入这个伟大的城市，为希腊的汉语学习者提供更好的学习条件，满足希腊人民了解中国、加强与中国交往的愿望。

2010年4月，中国以主宾国身份参加塞萨洛尼基国际书展。

2011年2月，在雅典古安哥拉遗址上举办了"孔子与亚里士多德的思想对当今世界的影响"国际商务研讨会。文化的碰撞与交流，加强了两国更深层的了解，也开启了对话的新视角。

2012年中希建交40周年之际，双方分别举办了一系列文化活动。5月，绍兴鲁迅纪念馆和希腊卡赞扎基斯博物馆结为友好馆。

2016年2月，故宫博物院与希腊研究与技术基金会签署科学合作备忘录，约定成立联合实验室，共同研发和应用激光技术清理和保护石质文物。

2017年夏天，为庆祝中希两国建交45周年，由中国远洋海运集团有限公司赞助，上海民族乐团在比雷埃夫斯市政剧院的舞台上成功演出。

第八章 经济

第一节 概述

在全球经济体中,希腊属于经济发达国家,2016年希腊GDP为1 945.59亿美元,人均GDP达到18 104美元,世界排名第三十八位。但是在欧盟地区,对比德国、法国等国家,希腊属于欠发达经济体,且经济规模较小,其2016年GDP占欧盟总GDP的1.2%。希腊经济结构较为单一,以航运业和旅游业等服务业为支柱产业,农业较为发达,工业制造业较为落后。在希腊2016年GDP构成中,农业占比3.9%,工业制造业占比13.3%,商业和服务业占比82.8%。

受美国次贷危机的后续影响,2009年10月末,希腊爆发了主权债务危机,国内经济陷入困境。为了重振希腊经济,一方面,以欧盟、国际货币基金组织和欧洲央行为核心的国际社会对希腊进行了大力救助;另一方面,希腊政府在国内实行经济改革,采取提高税收、减少公共支出、加快私有化进程、鼓励外来投资等措施。在经历了这几年的曲折、沉浮后,2018年8月20日,希腊宣布退出救助计划,当前希腊经济正在稳步复苏。

第二节 第一产业

希腊境内多山,其中3/4为山地。山地土壤贫瘠、偏酸,十分不利于农业种植，所以希腊农业的发展在欧盟中比较落后；但是对于希腊来说，农业是其传统优势产业，农产品在出口中是最具竞争力的产品之一。农业在希腊国民经济中占据着重要的地位，其中农业从业人员占全国就业人员的37%，农产品出口值占全国出口总值的36%。种植业是农业的重要组成部分，占农业总产值的2/3，畜牧业占比1/3。由于地形原因，小农场是希腊农业中重要的生产单位，它的特点体现在农业生产中以小块土地面积耕种。在农作物中，小麦、玉米、水稻是主要的粮食作物，烟草、葡萄、橄榄、柑橘、棉花等作为经济和园艺作物种植广泛。此外，希腊也是一个传统的渔业高产国，其中水产养殖产品80%以上用于出口，主要出口到意大利和西班牙。养殖的鲈鱼和鲷鱼是仅次于橄榄和烟草的农业出口第三大产品。在商业水产养殖种类方面，希腊在欧盟和地中海国家中排名第一。

一、橄榄

橄榄在希腊拥有着悠久的种植历史，公元前3000年在克里特岛就开始种植，后在地中海沿岸国家流传开来。古希腊人把油橄榄看作圣物，是智慧和知识、繁荣与和平以及健康、力量和美丽的象征，橄榄树被誉为希腊国树。希腊举办的2004年奥运会的会标就是一枝橄榄枝，由此可见橄榄树在希腊人民心中的地位和重要性。

希腊作为世界第三大油橄榄种植国，油橄榄的种植总面积多达75万公顷，约1.5亿株，占总耕地面积的17%。希腊的油橄榄资源在全国均有分布，主要集中分布在最南部的克里特岛和伯罗奔尼撒半岛，这里是全球最著名的油橄榄产地之一，油橄榄品质最好。其中克里特岛的橄榄产量占全国总产量的40.3%，伯罗奔尼撒半岛的产量占总产量的31.2%。

2016年，全球橄榄油的产量为263万吨，欧盟橄榄油产量为190万吨，占全球橄榄油总产量的72%。其中，希腊约占1/5。希腊的特级初榨橄榄油的比例占该国橄榄油产量的75%，意大利的比例为50%，西班牙的比例为30%。为了维护希腊橄榄油百分之百"纯洁""最好"的声誉，希腊是世界上目前唯一不进口橄榄油的国家。目前，全世界橄榄油的消费总量为279万吨，其中欧盟橄榄油的消费量为157万吨，占全球橄榄油消费总量的56.3%。

二、葡萄

希腊的葡萄酒文化源远流长。作为世界上最早酿造葡萄酒的地区之一，希腊对葡萄酒的历史文化发展和传播有着推动作用。希腊拥有近13万公顷的葡萄种植面积，有1/5的人口从事葡萄种植行业。由于受到旅游业影响，葡萄的种植面积开始减少。克里特岛种植着300多个葡萄品种，其中有许多都是克里特岛最古老的原生葡萄品种。

三、烟草

希腊的烟草种植可以追溯到奥斯曼帝国时期（1299—1923年）。在当今世界，希腊是烟叶生产大国之一，主要以香料烟的种植闻名全球。希腊有两个普遍种植的香料烟品种，分别是巴斯玛和卡泰里尼。2016年，巴斯玛和卡泰里尼两种香料烟的产量出现了下降。虽然希腊香料烟的产量具有不稳定性，但是它一直保持着继土耳其之后世界第二大香料烟生产国的排名。2015年，土耳其香料烟产量占全球市场需求量33%～35%，希腊所占比例大约为15%。

四、棉花

希腊的棉花种植也有悠久的历史，希腊是欧洲最早种植棉花的国家，也是欧盟国家中最大的产棉国家。希腊棉花的种植季节为每年的4月份，采摘季节为每年的9月底，棉花种植和采摘为100%机械化。希腊平均每年播种的棉田面积为36万～40万公顷，皮棉年平均产量37万～41万吨。

第三节　第二产业

就经济结构而言，由于进入工业化的时间较短和受自然资源的限制，因此，希腊工业的整体结构不尽合理，门类也不齐全，主要由采矿业、制造业、能源业和建筑业组成。

希腊的工业主要集中在首都雅典，全国53%的工业集中于此地区，主要有纺织业、食品加工业、卷烟制造业、化肥业和造船业等。

希腊北方工业重镇塞萨洛尼基是希腊的第二大城市，主要工业包括炼油、化肥、纺织、皮革、食品、机械和钢铁等部门。帕特雷是希腊西部的工商业中心，主要工业有大理石加工业、酿酒业和农产品加工业等。

一、采矿业

采矿业自古以来就对希腊经济十分重要。采矿业一直是希腊的重要出口产业。希腊矿产资源丰富，主要矿种有菱镁矿、珍珠岩、浮石、膨润土、镍、铝矾土（储量约10亿吨）、铝土矿、褐煤、混合硫化矿物。其中希腊珍珠岩是由斜长流纹岩组成的火山玻璃，储量在欧洲居于首位，主要位于米洛斯的爱琴岛和高斯岛，已探明储量总计5 000万吨，基础储量约3亿吨。此外，基莫洛斯岛和勒斯沃斯岛也有珍珠岩矿床。希腊是仅次于中国的世界第二大珍珠岩生产国，每年向西欧和美国出口大约20万吨。希腊是一个名副其实建立在大理石上的国家，无论是高山还是丘陵，无不蕴藏着各种品质的大理石，其蕴藏量及种类为世界第一。希腊现有大理石公司约4 000家，从业人员6万人，年生产大理石260多万吨（60多万立方米），约占世界大理石总产量的6.8%。由于大理石是希腊为数不多的在世界范围内闻名的工业产品之一，且大理石出口只占其年生产量的9.5%，所以希腊政府和企业对推动大理石出口一直比较重视，且希腊政府给予大力支持。

二、制造业

希腊工业的发展主要依赖众多中小企业，这些企业集中在纺织服装业、手工业、皮革制品业等轻工业领域。食品和饮料业是希腊工业的重要组成部分，约占希腊制造业的25%，具有众多投资优势。该行业运营成本低廉、原料丰富，并在东南欧建立了大型生产和销售网络，政府对跨区投资积极支持。地中海食谱是世界公认的健康食谱，这促进了对希腊传统食品的需求，希腊诸如菲达（Feta）奶酪和乌苏茴香酒（Ouzo）都享有欧盟原产地保护。食品和饮料业作为希腊制造业最有活力和高速增长的部门，为希腊出口做出了稳定的贡献。食品和饮料企业数量占全部生产企业数量的23%，行业雇佣人数达91 847人，占制造业总雇佣人数的22.9%。其中，烘焙业、面粉业、乳制品业和饮料业是主要的分行业,尤其是烘焙业和面粉业产品占总行业60%的比重。

三、新能源产业

由于常规能源的有限性以及环境问题的日益突出,以环保和可再生为特质的新能源越来越得到世界各国的重视。希腊新能源产业是近十年发展起来的新兴产业。希腊的自然资源相对贫乏,但太阳能和风能等资源丰富,希腊每年近300天有阳光,被誉为"欧洲的阳台"。太阳能清洁环保、无任何污染、利用价值高,不会发生资源短缺的问题,种种优势决定了太阳能不可取代的地位。风能最常见的利用形式为风力发电,希腊作为欧盟电网覆盖的一部分,向欧洲电力缺口国输售电力。由于拥有丰富的阳光资源、有竞争力的电价,以及太阳能在政府缓解债务危机、拉动本国经济中的重要地位,加之光伏应用市场巨大的潜力,所以希腊政府高度重视太阳能和风能等新能源的研发,致力于积极吸引外资,鼓励外商投资以完成其可再生能源目标。

第四节　第三产业

一、房地产业

房地产业是希腊重要的经济部门之一,超过40万人在相关企业工作,约占总劳动人口的9%。希腊房地产业最繁荣的时期就是在举办雅典奥运会后,由于宏观经济发展势头良好,房地产价格一路攀升,有近20万套住宅在2005年落成,大部分是两居到三居室。2008年是一个转折点,国际金融危机爆发,希腊房地产业的发展戛然而止。随着主权债务危机不断加深、经济不景气、失业率升高、居民可支配收入减少、企业和个人对房地产的需求大幅下降,再加上政府为增加财政收入而增加房地产税收、银行因流动性紧张而收紧信贷,在这些因素的共同作用下,希腊房地产业一蹶不振,具体表现为资产价格不断走低,成交量一路下滑。自2008年的经济危机开始到2013年,建成的住房数量下降了94%,5年间总共只有11 748套住房落成;与此同时,希腊政府颁发给地产商的建筑许可证数量也持续大幅下降,2016年颁发的建筑许可证数量仅12 500套左右。

为了重振希腊房地产市场,希腊政府于2015年7月颁布了新的移民法案。2016年,希腊房地产市场来自海外的投资资金达到了2.7亿欧元,比2015年增长了45.3%。外国资金进入希腊房地产市场,对处于危机中的希腊经济有特别积极的作用。另一方面,旅游业的蓬勃发展,成功地带动了希腊房地产的发展,房价开始由下跌转为走高,2016年,希腊的房产价格相比2013年上升了10%。这种房产需求增长主要源于公寓,尤其是市中心的公寓。在希腊旅游业的带动下,其短租市场非常活跃。雅典的主要景点及古迹大多位于市中心区域,在互联网时代,一些网上房产租赁平台可以使这些景点附近的公寓实现租赁收益最大化,因此受到了广大海外投资人的热捧。

二、旅游业

希腊凭借着独特的地理位置、鬼斧神工的自然景观和古老的文化,吸引了无数的世界游客,为本国旅游业的发展奠定了深厚的基础。位于欧洲东南部巴尔干半岛南端的希腊,北部与保加利亚、马其顿、阿尔巴尼亚接壤,东北与土耳其的欧洲部分接壤,西南濒伊奥尼亚海,东临爱琴海,南隔地中海与非洲大陆相望。希腊的海岸线长约15 000千米,众多的天然海湾、平缓的沙滩和碧蓝的海水为人们提供了优良的海滨浴场。在希腊的国土面积中,岛屿面积占了18.8%,1 500个大小不同的岛屿环绕着希腊半岛,具有众星捧月之势,是希腊对外联系的纽带。作为欧洲的文明古国,希腊的名胜古迹众多,如雅典卫城、德尔斐太阳神殿、奥林匹亚古运动场建筑群、克诺索斯迷宫、阿波罗宗教城、埃皮达夫罗斯露天剧场、维尔吉纳马其顿王墓等。希腊是西方文明的摇篮,拥有丰富和珍贵的历史遗产,这些历史遗产具有无可比拟的历史价值。当然,除了参观美丽的自然景观外,游客们对希腊的橄榄油、葡萄酒、开心果、神像工艺品也是慕名而来。

希腊的旅游业是使希腊获得外汇和维持国际收支平衡的重要经济部门。2004年,在希腊举办的雅典奥运会为希腊旅游业打下了良好的基础,特别是基础设施建设明显得到提升。2016年,希腊旅游业占国内生产总值18.6%,游客数量达到2 480万人次(其中中国游客数量达到15万人次），为希腊创造了132亿欧元的旅游收入。根据希腊央行公布的数据，2017年希腊旅游收入达146.3亿欧元，较2016年增长10.8%，接待旅客人数增加到3 016万人次。①旅游业的发展，也缓和了该国国内就业率持续下滑的走势。

希腊政府重视旅游业的发展，总共建有39个机场，其中16个为国际机场。希腊的国际机场的数量是多于多数国家的，其中最主要的3个国际机场分别在雅典、伊拉克利翁和罗得岛。雅典国际机场是最繁忙的，它占地17.5平方千米，有1座航站楼、2条跑道、89个停机位、24个旅客登机桥以及48个登机口。2条跑道每天可供600架班机起降，年输送旅客1 600万人次。雅典国际机场与世界49个国家的109个机场相通，开通了许多飞往曼谷、新加坡、北京等城市的航班，也是欧洲通往中东地区的最大航空中心。有旅游胜地之称的锡拉岛上也有国际机场，主要用途是起降来自德国、北欧、英国的包机。在住宿方面，在过去的几十年里，大型或小型的多形态和现代旅游复合式建筑群逐渐发展起来。根据希腊央行公布的数字，2017年游客在希腊过夜总人数上升10.4%，平均停留时间保持在一周。②

希腊拥有悠久的历史文化，众多的名胜古迹，美丽的自然风光，以下作为旅游资源加以介绍。

（一）主要名胜

1. 帕提侬神庙

雅典卫城的主体建筑是帕提侬神庙（在希腊文中是"处女庙"的意思）。神庙始建于公元前447年，于公元前432年建成，历时15年。该神庙是世界上最大的多立克柱式建筑，是一座在建筑学、工程学和数学方面的神来之作。神殿整体呈长方形，为回廊式建筑。神殿四周外侧石柱均为多立克柱式石柱，共46根，高10.43米，直径为1.905米，柱间距为4.926米。神殿的屋檐下四周有巨型浮雕92块，总长约160米，雕刻的是古希腊雅典节日参加祭祀活动的群众游行场面。神

---

① 中华人民共和国驻希腊共和国大使馆经济商务参赞处，参见：http://gr.mofcom.gov.cn/article/jmxw/201804/20180402734326.shtml.

② 中华人民共和国驻希腊共和国大使馆经济商务参赞处，参见：http://gr.mofcom.gov.cn/article/jmxw/201804/20180402734326.shtml.

殿内部分前殿、正殿和后殿三个厅堂。正殿内供奉的是雅典娜神像，高12米，由黄金、象牙和大理石雕成，瞳孔还镶嵌着宝石。神庙1687年毁于战火，如今仅残留石柱和断壁残垣。

2. 古奥罗波斯神庙

古奥罗波斯神庙是为祭祀康复之神阿斯克勒庇俄斯而建的。他是希腊神话中的一个英雄，曾经给万神之神宙斯医治创伤。大地曾将他吃掉，他却神奇般地从奥罗波斯密林的泉水中出现。人们还在这里依山就势修建了一个十分精美的剧场，观众席前有5个大理石雕成的宝座，供祭祀和达官贵人使用。如今舞台古风犹存，保存得相当完好。更加有趣的是，在小河的左岸有一座公元前4世纪用方石建造的水钟。水钟面积为4平方米，分为几个层次的水池，水从上方流入，以此来计算时间，与中国的铜壶滴漏有异曲同工之妙。

3. 泛雅典运动场

此体育场历史悠久，由雅典人在公元前330—前329年建造。罗马帝国时期，罗马皇帝哈德良（76—138）曾将泛雅典运动场改建为角斗场。144年，为了在这里举行泛雅典运动会，罗马人希罗德·阿提库使用白色大理石又将其改建成体育场。后来，该体育场逐渐被人们遗忘并遭到破坏，白色大理石也被拆作他用。1894年，国际奥委会在巴黎成立，并决定于1896年4月5日在古代奥运会的发祥地希腊举行首届现代奥运会。为了使首届现代奥运会顺利举办，居住在埃及的希腊富翁阿维洛夫于1895年捐资，按照古运动场形状，用本地的大理石重建了泛雅典运动场。泛雅典运动场位于雅典市中心的阿尔季托斯山丘，是一座完全由乳白色大理石建造的大型体育场，亦称大理石体育场。

4. 马拉松古战场

马拉松古战场位于东临爱琴海的平原，在雅典东北40千米处。马拉松城虽不大，它的名字却与这里发生的两件惊天地、泣鬼神的历史事件紧密联系在一起。一是发生在公元前490年的希波战争马拉松战役；二是与此次战争密切相关的在人类体育史上产生的马拉松长跑。

5. 伏里哈达溶洞

这是一个几十万年前形成的、独特的海水和淡水混合型溶洞，位于伯罗奔尼撒半岛南部的拉科尼亚半岛的迪洛斯海湾，距雅典300千米。溶洞形成之初，海平面低于溶洞，现今洞内的水面仅略高于海平面，洞中仍是硬咸水。该溶洞于1900年被发现，1950年对外开放。其总面积为33.4万平方米，长达14千米，目前对游客开放的面积仅5 000平方米，长1 500米，乘船游览时间约25分钟，也可在岸边步行参观。

6. 曼代奥拉山

"曼代奥拉"在希腊文中的含义是"飞翔的石头"，它的确像一块块天外来石，直插在一块广阔的平原上。该山位于古希腊中部，共24座如刀削般的陡峭砂岩山峰。在这些悬崖峭壁上直立的是东正教修道院群。早在1366年，希腊阿索斯圣山的修士阿塔那修斯来到这里修建第一座修道院。此后，又相继建了其他24座修道院。1922年，为了保存这些修道院，人们为其中的6座开凿了上山的石梯，一些修士也返回这些修道院。目前，这6座修道院都对外开放。其中，圣卢萨诺修道院建在一座山峰的顶上，景色最为壮观奇特，院内教堂里的古壁画堪称一绝。

7. 温泉关

温泉关曾是希腊南北通道上的重要关隘，因关口外的温泉而得名。公元前480年，斯巴达国王列奥尼达率领军队在此地与入侵的波斯军队进行了一场殊死的战斗，坚守关隘数日，最终因寡不敌众，全部壮烈牺牲。后人为铭记他们，在温泉关的墓地立碑为念。温泉旁边就是当年战死疆场的希腊将士的坟墓，墓前大路的对面则是斯巴达国王列奥尼达的青铜像，他身着盔甲，右手持盾，左手高举长枪，正如当年在战场上与敌人厮杀。

（二）世界遗产

希腊作为一个文明古国，自然文化遗产十分丰富。希腊自1981年7月17日加入《保护世界文化与自然遗产公约》的缔约国行列以来，共两次担任世界遗产委员会成员。截至2016年，经联合国教科文组织审核，被批准列入《世界遗产名录》的希腊世界遗产共有18项（包括文化遗产16项、文化与自然混合遗产2项），在数量上居世界第十五位。

被列入《世界遗产名录》的18项希腊世界遗产如下：巴赛的阿波罗·伊壁鸠鲁神庙，雅典卫城，德尔斐考古遗址，塞萨洛尼基古基督教和拜占庭遗址，埃皮达鲁斯考古遗址，中世纪城市罗得，米斯特拉斯考古遗址，奥林匹亚考古遗址，提洛岛，达夫尼修道院、俄西俄斯罗卡斯修道院和希俄斯新修道院，萨莫斯岛的毕达哥拉斯纪念馆和赫拉神殿，韦尔吉纳考古遗址，迈锡尼和梯林斯考古遗址，帕特莫斯岛的圣约翰修道院和启示录洞，科孚古城，菲利皮考古遗址，阿索斯山，曼代奥拉。

三、交通运输业

（一）陆运

希腊拥有各类型公路11.75万千米，其中铺砌路10.79万千米（含高速公路2 186千米）、非铺砌路9 638千米。铁路总长2 571千米，其中标准轨1 565千米、窄轨983千米，年货运量259万吨，年客运量888万人次。希腊最重要的铁路是贯穿南北的干线，将帕特雷、雅典和塞萨洛尼基连接起来。[①]

（二）空运

爱琴航空（Aegean Airlines）是希腊最大的航空公司，成立于1987年，提供定期及包机服务，由雅典和塞萨洛尼基前往其他主要的希腊城市和一些欧洲主要城市。奥林匹克航空公司（Olympic Airlines）是希腊另一大型航空公司。2012年10月，爱琴航空公司宣布与奥林匹克航空公司达成并购协议。2013年10月，有关协议最终获得欧盟竞争委员会通过，爱琴航空公司正式收购奥林匹克航空公司，后者依然以前者子公司的身份存在和运营。希腊全国有39个机场，主要机场有维尼泽洛斯（雅典）国际机场、塞萨洛尼基、克里特和罗得岛机场等。

（三）海运

希腊海运业的发达，与它的地理位置、历史、管理措施和国家政策都有密不可分的关系。希腊位于地中海沿岸，海岸线曲折，优良港口众多。地中海位于欧、亚、非三大洲之间，是世界上最大的陆间

---

① 商务部国际贸易合作研究院等：《对外投资合作国别（地区）指南之希腊》，2016年9月。

海，海运业历来发达，其中以希腊船队为最。长期以来，希腊船东控制的船队，约占全球商船队的1/4。希腊拥有世界级的航运枢纽，是名副其实的世界第一航运大国，在全球航运业中占据着十分重要的地位。希腊国内与海运业相关的服务业的从业人员有13万人，创造了2.5%的GDP。根据全球第一家提供在线船舶估值公司Vessels Value提供的数据，2018年年初，基于总吨位计算的希腊船运排名依然保持国际领先。具体而言，散货船和油轮全球排名第一，液化天然气运输船排名第二，集装箱船排名第三，液化石油气运输船排名第四。希腊控制的船队数量为4 624艘，总吨位为21 882万吨，价值再次超过了1 000亿美元，占全球船舶总价值19%。其中，邮轮为360亿美元，散货船为357.5亿美元，液化天然气船为135亿美元。[①]

为了适应竞争日益激烈的世界海运市场，近年来，希腊船东围绕提高船运公司竞争力展开了一系列措施。例如，通过订造新船、购买低龄旧船等方式加速淘汰超龄旧船，提高船舶质量，扩大船队规模；缩减经营船舶范围，实行专业化管理等。这一系列举措的结果是：希腊船运公司平均船舶数量增加、总吨位加大、平均船龄变小，竞争力加强。希腊政府给海运业足够的重视和支持，对海运业对经济发展的重要作用和巨大潜力有着明确的认识，在相关政策方面提供支持，诸如：减免海员税收、对海员的社保进行补贴、推动开展私人海事教育等系列政策。

航运业是世界上资本最密集的行业之一，船舶投资占航运企业现金流的50%以上。航运企业要扩大规模，提高国际竞争力，必须广拓融资渠道，筹集大量资金。作为全球第一航运大国，船舶融资对希腊航运业的发展至关重要。希腊航运业的融资渠道非常多，除了小部分来自国内，3/4以上的融资都来自国外，世界著名船舶融资银行均在希腊设有分支机构。为希腊航运业提供船舶融资贷款的银行分为三类：希腊本国银行、在希腊无分支机构的国际银行、在希腊有分支机构的国际银行。从多年的发展情况来看，在希腊有分支机构的国际银行是为希腊航运业提供贷款的主力。

---

① 中华人民共和国驻希腊共和国大使馆经济商务参赞处，参见：http://gr.mofcom.gov.cn/article/jmxw/201802/20180202708695.shtml。

四、零售业

希腊零售业占据了希腊企业的40%、就业人数的20%、私人消费的40%、GDP的23%，零售业对国民经济的贡献持续增加，已成为希腊经济的支柱产业之一。为了促进零售业的快速发展，希腊调整法律，延长了商店营业时间。旺盛的居民消费和灵活的营业时间，使得希腊零售业增长迅速，实现了跨越式发展。近年来，首都雅典地区和其他主要城市的大型连锁超市、购物中心、专业店快速扩张，极大地促进了总体销售增长。

希腊零售业业态齐全，大型超市、购物中心、百货商店、专业店、专卖店、折扣店和便利店等共同发展。分布社区的有小型超市、食品店、药店和便利店等小型零售企业。近年来，大型连锁超市扩张迅速，大型购物中心和专业店陆续开业，不断改变着希腊的商业布局。

尽管希腊人口少，但希腊市场的消费水平较高，对外资零售业企业吸引力很大。希腊零售业的领导者是超市和专业店，近年来保持快速增长，尤其是大量外资的进入带动了增长，提高了竞争水平。希腊零售业盈利排名前七的企业的利润总和占整个市场的70%，其中有4家是外资企业。

五、金融业

希腊金融业采取分业监管的模式，希腊中央银行负责对信贷机构、租赁公司的监管，资本市场委员会负责对经纪公司、投资公司、共同基金管理公司、组合投资公司以及证券和衍生品交易所的监管，保险企业与精算委员会负责保险公司的监管。在对信贷机构的监管方面，希腊中央银行主要监控银行业整体风险，具体日常监管事宜则交由信贷机构的行业组织——银行业协会管理，希腊中央银行同银行业协会签署合作协议。

希腊共有各类金融机构60家，其中有22家当地银行、21家外国银行或分行、15家合资银行等。当地银行有：国民银行、欧洲银行、阿尔法银行、商业银行等四大系统性银行，占希腊信贷市场的份额超过90%。希腊的融资环境较为宽松，外国企业可以在当地银行申请商业贷款。

雅典证券交易所是希腊有组织的股票和衍生产品交易市场，成立于1876年，截至2015年4月14日，雅典证券交易所拥有244家上市公司。雅典证券交易所对外开放程度较低。2007年7月，经希腊议会批准进入欧盟证券市场。2008年4月，雅典证券交易所与德国、西班牙、奥地利、瑞士、丹麦和挪威等国签署协定，建立关联市场。目前，雅典证券交易所仅有两个外国证券指数，仅有塞浦路斯银行等三家外资企业上市。[①]

第五节　对外贸易

希腊是欧盟成员国中的小国，其经济发展水平落后于欧盟的整体水平。工业、制造业的发展对进口的依赖性很强。在出口产品中绝大部分是初级加工产品，农产品占据着主要地位，缺少附加值较高的技术密集型产品。在对外贸易政策、法规、手段等方面，希腊作为欧盟的成员之一，它执行的对外贸易政策是欧盟统一制定的，在欧盟根据世贸组织规则，采取措施保护各成员国的经济利益的前提下，并没有单独形成一套自己的贸易政策。

在货物贸易方面，2016年希腊对外贸易额为767.1亿美元，其中，出口281.2亿美元，进口485.9亿美元，逆差204.7亿美元。在服务贸易方面，2016年希腊实现服务贸易出口307.32亿美元，进口123.15亿美元，顺差184.17亿美元。总体来看，希腊的贸易规模相对较小。希腊进行对外贸易的国家主要集中分布在欧盟，其中德国是其最大的贸易国，其次是意大利、土耳其等。在亚洲，希腊的贸易伙伴主要是韩国、中国和日本。

一、进口

作为欧盟的一员，希腊与成员国之间的贸易关系非常紧密，进口的贸易伙伴主要有德国、意大利、荷兰、法国、西班牙、保加利亚、比利时。对于非成员国，希腊的进口贸易伙伴主要有韩国、俄罗斯、

---

① 商务部国际贸易合作研究院等：《对外投资合作国别（地区）指南之希腊》，2016年9月。

伊拉克、中国、哈萨克斯坦、土耳其、沙特阿拉伯等国。

由于希腊工业基础较为薄弱，相对于出口而言，所需进口的商品种类多、数量大。比如，大型船舶、各种类型的汽车及零部件、铁路用牵引机车、家用电器及其他电子产品的绝大部分乃至全部需要进口。从希腊主要进口商品分类来看，前四大类进口商品是矿产品、化工产品、机电产品和运输设备。近几年，希腊矿产品的进口额占进口总额的比重有所下降；机电产品占进口总额的比重一直在上升；化工产品的进口额虽然有小幅下降，但是占希腊进口总额的比重是上升的；2014年运输设备进口增长迅猛，主要原因是其中的船舶及浮动结构体进口增速较快，进口额达25.2亿美元，增长55.9%。

二、出口

在希腊的对外贸易中，欧盟国家是希腊的传统出口市场，这主要是由于希腊和这些国家在政治制度、经济体制和宗教信仰上基本一致，增加了接触上的亲和力；在经济上互补性强，在地理上距离较近，运输成本较低。在欧盟成员国里，希腊出口的贸易伙伴主要有德国、意大利、荷兰、法国、西班牙、保加利亚、塞浦路斯、罗马尼亚。非成员国中，希腊出口的国家主要有马其顿、土耳其、黎巴嫩、美国、埃及、沙特阿拉伯等国。

从出口产品的构成来看，其出口产品主要是农产品，如烟草、棉花、橄榄油、新鲜蔬菜和加工蔬菜、新鲜水果和水果罐头、干果、果仁及肉类制品等在其出口中占很大比例。大理石、铝锭、珍珠岩和膨润土等资源性初级加工产品以及金属及其制品也是重要的出口产品。其出口产品清单中几乎看不到技术含量较高、附加值也较高的工业产品。

三、外国投资与援助[①]

希腊的外资来源国主要为欧盟国家，如德国、法国、比利时等。外商直接投资领域集中在服务业，如通信、金融、贸易、房地产、旅游业等；工业制造业，如化工、机械等行业也吸收了较多外资。

---

① 商务部国际贸易合作研究院等：《对外投资合作国别（地区）指南之希腊》，2016年9月。

2009年10月,希腊爆发了主权债务危机。欧盟、欧洲央行和国际货币基金组织这"三驾马车"给予希腊政府1 100亿欧元的贷款援助,并要求希腊政府削减公共开支、降低最低工资以及重组银行配合债务援助。2012年3月,欧元区财长会议批准了1 300亿欧元的希腊第二轮救助方案。2015年8月,德国联邦议院批准了希腊第三轮救助协议,为希腊获得约860亿欧元救助贷款铺平道路。与此同时,德国法兰克福机场集团将接管希腊的14个机场,作为希腊获取救助的条件之一。

联合国贸发会议发布的《2016年世界投资报告》显示,截至2015年年底,希腊吸收利用外资存量为176.88亿美元。由于2015年的退欧公投事件的影响,约有2.89亿美元外资流出希腊。

下篇

第九章 希腊主权债务危机

《新帕尔格雷夫货币金融大辞典》中对国债的定义是:"国债(National Debt)是政府方面的一种法律债务。"国债是债券的一种特殊形式,是国家以其信用为基础,按照国债的一般原则,通过向社会筹集资金所形成的债权债务关系。国债是由国家发行的债券,是中央政府为筹集财政资金而发行的一种政府债券,是中央政府向投资者出具的、承诺在一定时期支付利息和到期偿还本金的债权债务凭证,由于国债的发行主体是国家,所以它具有最高的信用度,被公认为最安全的投资工具,或者被称为零风险债券。

所谓主权债务(Sovereign Debt),是一种特殊的国债,是指一国以自己的主权为担保向国际金融机构——如国际货币基金组织(International Monetary Fund,简称IMF)和世界银行,或者向其他国家借来的债务。主权债务危机是指一国在国际借贷领域中的大量负债,超过了借款者自身的清偿能力,造成无力还债或必须延期还债的现象。现代历史上曾发生过多次主权债务危机,如20世纪80年代的拉美主权债务危机、1998年的俄罗斯主权债务危机、2001年的阿根廷主权债务危机等。

2007年8月,美国爆发了席卷全球的次贷危机,这次危机是自1929年以来规模最大、影响最广的一次世界性的金融危机。受美国次贷危机的刺激以及欧元区经济制度的束缚,欧元区内部积累的经济矛盾爆发，由此产生了席卷欧洲大陆的欧洲主权债务危机，这是世界经济发展史上第一次在发达经济体中发生的主权债务危机。希腊是欧元区中首先爆发主权债务危机的，又是其中持续时间最长、引起国际社会广泛关注的国家。

因此，有必要梳理希腊主权债务危机的来龙去脉，总结经验教训，可以为其他国家起到警醒和借鉴作用。

第一节 危机演变过程

2009年10月初，当选的希腊总理小乔治·帕潘德里欧宣布：其前任隐瞒了大量政府财政赤字，并公布了希腊最新的财政数据预测，其中，希腊政府2009年财政赤字和公共债务占国内生产总值的比例预计将分别达到12.7%和113%，远超欧盟《稳定与增长公约》规定的3%和60%的上限。12月，希腊政府最终宣布，2009年度的财政赤字比率为13.6%，政府未清偿的公共债务存量占GDP的比重为115.1%，债务总额高达2 734亿欧元（约合3 384亿美元），同时宣布这一比重将在下一年（2010年）超过120%，主权债务危机初露端倪。

一、危机爆发

鉴于希腊政府财政状况显著恶化，2009年12月，全球三大信用评级机构[①]惠誉（Fitch Ratings）、标准普尔（Standard & Poor）和穆迪（Moody's Investors Services）相继调低希腊主权债务信用评级：12月8日，惠誉将希腊国债评级从"A-"下调到"BB+"，前景展望为"负面"；12月16日，标准普尔将希腊国债评级从"A-"下调为"BBB+"；12月22日，穆迪将希腊国债评级从"A1"下调到"A2"，并将评级前景定为"负面"。

---

① 1975年，美国证券交易委员会SEC认可惠誉、标准普尔、穆迪为全国认定的评级组织（NRSRO, Nationally Recognized Statistical Rating Organization）。

第九章　希腊主权债务危机

由于预计希腊政府在2010年将会面临750亿欧元的预算缺口，考虑到希腊已经恶化的财政状况，投资者担心希腊政府违约，因此在资本市场大规模抛售希腊国债，希腊国债收益率大幅走高——希腊10年期国债的收益率由2009年10月的4.25%上涨到2010年1月29日的7.25%。由于收益率飙升，希腊政府在国际资本市场发行新债以偿还旧债的成本急剧上升，其长期偿债潜力及可能性下降，违约的可能性大大增加，国际投资者更进一步抛售希腊国债，又导致国债收益率进一步上升，由此，希腊主权债务陷入了恶性循环，危机全面爆发。

2010年4月，三大评级机构惠誉、穆迪、标准普尔再次调降希腊的主权信用评级，其中标准普尔将其由"BBB+"降至"BB+"，这就意味着希腊失去了从国际市场再融资的权利。此时，希腊正需要大约200亿欧元的融资以偿还4月和5月到期的债务。恐慌的投资者纷纷抛售希腊国债，并牵连其他成员国国债和欧元遭到抛售。

希腊主权信用被标准普尔等国际评级机构连续降级后，投资者也担心葡萄牙、意大利、西班牙和爱尔兰等国家的主权债务会出现违约。2010年4月，标准普尔下调西班牙与葡萄牙的信用评级，5月惠誉下调西班牙的主权信用评级，6月穆迪把希腊的信用评级连续下调4个级别，从"A3"下调至"Ba1"级别。由于希腊、葡萄牙、西班牙、意大利、爱尔兰五国的经济总量在欧元区占比超过30%，一旦它们同时爆发主权债务危机，那么欧元区的实体经济将会出现衰退，欧元区也将会面临解体的风险。希腊主权债务危机已经呈现蔓延之势，全球资本市场风声鹤唳，股票市场、外汇市场、债券市场以及大宗商品市场波动剧烈。

二、局势企稳

希腊政府在2010年4月23日向欧盟和国际货币基金组织正式提出援助申请。2010年5月2日，欧盟和国际货币基金组织决定共同对希腊进行第一轮救助，计划三年内向希腊政府提供总额1 100亿欧元的贷款，其中欧盟提供800亿欧元，国际货币基金组织提供300亿欧元。但同时要求希腊必须严格执行紧缩计划，包括三年内削减财政开支300亿欧元，在2014年将财政赤字率降低至3%以下，同时采取提高增值税、销售税等增加财政收入的措施。

为了稳定资本市场的恐慌情绪，2010年5月10日，欧盟和国际货币基金组织共同推出了总额达7 500亿欧元的紧急救助计划（其中约5 000亿欧元出自欧盟，约2 500亿欧元出自国际货币基金组织），建立适用于所有欧元区成员国的"欧洲稳定机制"，以帮助可能陷入主权债务危机的欧元区国家，恢复资本市场对欧元的信心。同时，欧洲央行宣布：在必要的时候，将在二级市场上购买相关国家的国债。至此，由于巨额救助计划的出台，由希腊主权债务危机所引发的欧洲主权债务危机蔓延之势得到有效的遏制，市场恐慌情绪暂时缓解。

2011年10月末，欧盟将"欧洲稳定机制"扩容至10 000亿欧元，并对希腊国债进行50%的减记。2012年3月14日，欧元区各国政府批准同意对希腊的第二轮救助方案，主要包括1 300亿欧元的贷款和希腊政府与私人部门的债务重组协议。3月15日，国际货币基金组织同意参与第二轮救助计划，并提供280亿欧元。

在欧盟和国际货币基金组织连续两轮的巨额资金的救助下，希腊国债的违约风险大大降低，同时，希腊政府也顶着国内民众反对的压力削减养老金、社会保障金，并增加所得税率和财产税率等。在双管齐下的政策之下，希腊经济在2013年有所起色，财政状况有所好转，希腊主权债务危机似乎正在向着人们所期待的方向发展。基于希腊国内经济的恢复前景和债务危机局势的稳定，国际评级机构相继上调了希腊的主权信用评级。2013年11月29日，穆迪将希腊政府债券评级从最低的等级"C"上调至"Caa3"，评级展望为"稳定"；12月2日，惠誉也将希腊的评级上限从"B"上调至"B+"。

三、复苏在望

2015年7月9日,希腊政府正式向"欧洲稳定机制"提出了第三轮救助申请,并承诺实施税务及养老金改革。经过艰苦的拉锯式谈判,8月11日,希腊政府与欧盟、欧洲央行和国际货币基金组织签署了第三轮救助协议。随着第三轮紧缩和纾困改革举措的逐步落实,希腊经济呈现探底回升的趋势。2016年年初,包括标准普尔、惠誉和穆迪在内的三大国际评级公司均上调了希腊国债评级。

2017年5月2日,希腊及其国际债权方(国际货币基金组织和以德国为首的欧元区成员)就维持之前的第三轮救助计划必须采取的财政紧缩措施和经济改革达成协议,为债务减免谈判扫清道路。更重要的是,该协议确定了债权人讨论减免希腊债务方式的条件。根据该协议,希腊承诺在当前救助计划结束后采取进一步增收减支的财政措施,2019年将削减相当于国内生产总值1%的退休金,2020年将通过下调个人所得税起征点增加税收。希腊政府还承诺进行劳动力市场改革、采取私有化措施及其他改革措施,以提高希腊经济的竞争力。为此,希腊资本市场迅速做出反应,希腊雅典证券交易所综合指数收涨0.66%,报797.16点,在13个交易日内连续上涨17%,不仅创下1991年以来的最长连涨天数,也几近收复了2015年夏末债务违约后紧急休市五周以来的所有跌幅。

2017年7月25日,希腊政府宣布发行5年期国债,总共募资30亿欧元,收益率为4.625%。这是希腊时隔三年首度重返国际融资市场,上一次发债是2014年4月发行的5年期国债,收益率为4.9%。

希腊国家统计局数据显示,希腊在2017年的基本盈余为70.8亿欧元,约占GDP的4%。这是希腊连续第三年超额完成任务,明显超出1.75%的原定目标,也高于2016年时约占GDP的3.9%、67.09亿欧元的基本盈余。同时,希腊债务负担呈下降趋势,从2016年占GDP的180.8%,下降到2017年占GDP的178.6%,为3 174.07亿欧元。政府总体支出为853.22亿欧元，占GDP的48.1%；政府收入为867.76亿欧元，占GDP的48.82%。2017年，希腊国内生产总值为1 777.35亿欧元，比2016年1 741.99亿欧元有所提升，人均GDP达到18 945美元，世界排名第三十九位。

2018年7月，欧元区国家财政部部长就希腊债务危机救助计划最后阶段实施方案达成一致，救助计划将于2018年8月如期结束。国际市场对此反应积极，当日希腊国债收益率大幅降低，雅典股票指数也一度高涨。希腊国际评级由"B"上调至"B+"。2017年以来，随着欧元区经济整体向好，希腊国内生产总值（GDP）增速近年来首次突破1%，基本财政盈余也超预期，经合组织预测其今明两年GDP增速将达到或超过2%。希腊自身经济改善是达成此次协议的基础。同时，终结希腊债务危机符合欧元区和希腊双方的政治需要，国际债权人也盼望达成协议，缓解希腊中长期债务压力，使其债务负担可持续发展。2018年8月20日，希腊宣布退出救助计划，希腊经济企稳复苏。

第二节　危机形成原因

从世界范围看，欧洲主权债务危机是源于美国的世界金融危机在欧洲的延续，而希腊主权债务危机是欧洲主权债务危机的组成部分。

一、勉强入欧留隐患

"风起于青萍之末，浪成于微澜之间。"一句喻指大事件、大趋势等往往从细微不易察觉之处源起。2001年对希腊来说是非常重要的年度，在这一年希腊正式加入欧元区经济体，成为欧元区第十二个成员国。不过，希腊加入欧元区的过程并非一帆风顺，这主要缘于希腊的财政赤字。在1997年，希腊首都雅典赢得了第二十八届夏季奥运会的主办权，为了建设奥运场馆，政府开支大增。从1997年起，希腊政府

第九章 希腊主权债务危机

的财政赤字率一直高于欧盟《稳定与增长公约》规定的3%上限,因此在1999年初次申请加入欧元区时被拒绝。

为了尽早加入欧元区,希腊政府对财政赤字率进行了适当的会计调整,使得会计报表上的财政赤字率降至3%以下,从而进入欧元区。2001年之前,希腊发行了大量以美元和日元计价的外债,而在1999—2000年,美元和日元兑欧元升值较快,造成了希腊财政赤字率和公共债务的增长(因为根据欧盟的会计规则,未对冲的外币债务需按照年终汇率换算成欧元)。2001年,希腊政府向美国高盛集团求助。在此背景下,高盛为希腊设计了一笔"货币掉期交易":高盛接受了希腊价值100亿欧元的美元和日元国债,将其转变成90亿欧元的债务和10亿欧元的现金,并以希腊博彩业和机场税等未来收入作为抵押,将这笔现金返回给希腊,规定10年后(即2010年)希腊必须用欧元偿还所有这些债务。结果是希腊本国账面上的10亿欧元债务暂时消失,财政赤字占GDP比率由4.1%下降至符合欧元区规定的2.0%。然而,这些财政赤字并没有消失,后继的希腊政府并没有采取措施降低财政赤字率,这成为引发主权债务危机的一颗"地雷"。

这种金融创新方式就是所谓的"表外业务",可以通过某些结构性金融衍生工具来"隐藏"某些会计数据,如债务、利润等,以达到粉饰会计报表或规避金融监管当局监管的目的。这种表外业务在小到企业组织或大到国家机构中屡见不鲜,往往会成为某种特殊事件的风险敞口。2008年,美国次贷危机的愈演愈烈和久治不愈的重要原因,就是当时相当多的美国金融机构(尤其是类似高盛这样的投资银行)过度开展了"表外业务"。事实上,希腊政府适当调整财政统计数据并不是秘而不宣的,2004年欧盟统计局曾对希腊的财政数据进行了一次调查,事后并没有对希腊进行处罚,因为当时的欧元区成员国中,财政数据普遍超过了《稳定与增长公约》的规定,即使如德国和法国这些欧元区核心国家,其财政赤字率也时常会超过3%。也许,如果希腊政府并不是那么急切地加入欧元区,而是开源节流、降低财政赤字率,希腊主权债务危机可能不会发生。

二、次贷危机成诱因

2007年8月，美国爆发了有史以来世界上最大的金融危机——次贷危机（Subprime Crisis），又称次级房贷危机，其影响范围和受灾程度已经超过1929年的第一次世界经济危机（又称"经济大萧条"）。

2001年，受互联网泡沫破裂和"9·11"事件的影响，美国联邦储备银行（Federal Reserve System，简称"美联储"）连续大幅降息，以求刺激经济增长。由此，美国房地产市场进入繁荣期，为了获得更多收益，美国联邦住宅贷款抵押公司（Freddie Mac，简称"房地美"）和美国联邦国民住房贷款协会（Federal National Mortgage Association，简称"房利美"）发放了大量的次级抵押贷款（Subprime Mortgage Loan）。次级抵押贷款是指向受教育水平低、收入低的少数族群的家庭和个人（一般无稳定工作和收入）发放的贷款。因为这些贷款者信用较低（美国是个信用社会，有众多的评级机构进行严格的评级），贷款利率通常比优惠利率高出2%~3%。然后，房地美和房利美将这些抵押贷款打包成住房抵押支持债券（Mortgage-Backed Securities，简称MBS）出售给各投资银行，以便回收头寸。投资银行购进MBS后，将现金流进行重组，包装成风险和收益档次不同的新债券——担保债务凭证（Collateralized Debt Obligation，简称CDO），为了让客户对冲CDO的风险，还设计出了相应档次的CDS，CDO和CDS一般会出售给商业银行以及保险公司或其他投资银行。总之，通过一系列的资产证券化过程，违约风险较高的次级住房抵押贷款就变成各种金融工具流通到全世界。当美联储提升利率水平时，各投资机构竞相抛售MBS以及相关的CDO和CDS，由于高杠杆率，这些证券的价格迅速崩塌，投资机构出现亏损甚至破产，进而导致金融市场流动性枯竭，由此而产生了金融危机。

美国次贷危机对希腊政府财政的直接冲击主要是三个方面：（1）

商业银行损失惨重使得政府财政开支激增。希腊的商业银行购入了大量的 MBS、CDO 和 CDS，次贷危机爆发后，这些债券及其衍生工具价值损失巨大，希腊的商业银行亏损严重。为了帮助本国银行应对次贷危机，希腊政府在 2008 年推出了总额达 280 亿欧元的金融业救助方案：①发行 80 亿欧元特别债券增强银行资金的流动性；②为 2009 年年底以前为期 3~5 年的银行中长期贷款提供总额 150 亿欧元的担保，担保费用为 100~150 个基点；③提供 50 亿欧元的资金购买银行优先股，以作为银行的一级资本，5 年内银行必须回购，回报率最高为 10%。(2) 航运业和旅游业萎缩导致财政收入大幅减少。航运业和旅游业是希腊经济的支柱产业，席卷全球的次贷危机迫使企业的投资需求下降，个人消费需求减少，使得希腊的航运业和旅游业不景气，政府税收收入减少。2009 年前 8 个月，希腊有 400 多艘散货船因银行收紧信贷而被封存，占希腊海运总船只的 10%，希腊船运业收入下降了 31.3%，船运业对经济的贡献率由原来的 7% 下降到 1.2%；此外，来自美国和欧洲两地的旅游业收入分别减少了 6.2% 和 14%，2009 年收入同比下降了 13.3%[①]。(3) 失业率上升增加了财政负担。次贷危机中大量金融机构破产或倒闭，如美国的房地美和房利美以及五大投资银行全军覆没。金融市场资金紧缺，大量外资撤离，众多中小企业倒闭，失业率激增，希腊政府不得不增加社会保障金和失业救济金的投入，进一步增加了政府的财政负担。有关数据显示，次贷危机之后，希腊失业率急剧攀升，2009 年为 9%，2010 年达 9.7%[②]。总之，美国次贷危机使得希腊政府财政收入减少，财政开支大幅增长，以致入不敷出。2009 年，希腊政府开支高达 475 亿欧元，占 GDP 的比重高达 27%，迫使希腊政府不得不大量发行外债融资弥补财政赤字。

此外，美国次贷危机也对希腊政府财政有着间接影响。其一，国

---

① 朱邦宁、杨军威：《希腊主权债务危机评析》，《北京行政学院学报》2010 年第 6 期，第 62~65 页。
② 郭丽：《欧洲主权债务危机的理论演绎与现实警示》，《价格理论与实践》2010 年第 7 期，第 52~54 页。

际金融市场流动性紧缩，使得希腊政府在国际金融市场上融资较为困难，无法偿还之前的借款。其二，次贷危机所引发的欧洲主权债务危机放大了希腊主权债务危机的严重程度，加重了借款人的疑虑，使得救助希腊的行为缓慢而反复，客观上延缓了希腊经济复苏的进程。

三、欧元体制变枷锁

欧元区是由欧洲多个主权国家组成的使用单一货币欧元和实施统一货币政策的经济联合体。其成立之初的目的是消除欧盟成员内部的贸易壁垒和汇率波动风险，促进成员国之间的贸易往来和经济增长，最终目标是建立紧密的政治经济联合体。欧元区所依赖的两个最重要的契约是1991年签署的《马斯特里赫特条约》和1997年签署的《稳定与增长公约》。《马斯特里赫特条约》规定了欧元区成员国必须使用统一货币欧元，这意味着欧元区各成员国放弃了独立发行货币的权力，也丧失了通过汇率变化调节国际收支的能力。《稳定与增长公约》要求各成员国的财政赤字率不能超过其GDP的3%，公共债务率不能超过GDP的60%，这两项要求更为苛刻。根据国际收支理论，如果一国实行固定汇率制度，不能通过汇率变化来调节国际收支，那么只能通过融资来达到国际收支均衡。也就是说，《稳定与增长公约》限制了成员国举借内外债调节国际收支均衡的权利。因此，在《马斯特里赫特条约》和《稳定与增长公约》的共同约束下，欧元区成员国不仅丧失了通过货币政策调节宏观经济的权力，也部分丧失了通过积极的财政政策促进经济增长的能力。后来欧盟委员会对《稳定与增长公约》中的公共债务占比率有所放松，因为欧元区大多数国家（包括德国、法国等欧元区核心成员国）的公共债务占比率均超过了60%，所以像希腊、西班牙等国家只能通过借债发展经济，逐渐形成了"路径依赖"，最终导致了欧洲主权债务危机。

可以说，欧元区具有先天不足的体制缺陷。因此，当面对外部冲击时，通过汇率调整来平滑冲击的效率不高。同时，由于各国放弃了货币主权，只能通过财政政策来应对外部冲击，财政手段也被《马斯特里赫特条约》限制，因此，希腊主权债务危机及其所引发的欧洲主权债务危机也就成为必然。

四、救助迟缓是主因

在希腊主权债务危机爆发的初期，欧盟和国际货币基金组织反应缓慢。从2010年实施第一次救助到2017年进行第三次救助，不仅在时间上持续了8年的漫长过程，在救助条件上也极为苛刻。欧盟和国际货币基金组织的迟缓，一方面是出于"逆向选择""道德风险"的顾虑——担心希腊和与希腊类似的国家等会将救助基金运用于其他方面，或者经济改革动力不足，或者其他成员国今后不会严格约束自己的财政赤字；另一方面是因为欧盟还没有成熟的救助机制。欧盟和国际货币基金组织的这种迟缓的救助行动，客观上延缓了希腊债务危机的解决进程。

为了吸取对希腊主权债务危机反应过慢的教训，欧盟委员会采取了两项补救措施。

一是于2010年5月9日成立了一种临时性的救援机制——欧洲金融稳定基金（European Financial Stability Facility，简称EFSF）。该基金由欧元区17个成员国共同出资创立，并置于欧盟经济财政部部长理事会的框架下，主要目的是保护各成员国的金融稳定，具体职责是：向申请援助并得到批准的欧元区成员国提供紧急贷款，以欧元区成员国的信用作为抵押发行债券融资。按照设立初期所设计，欧洲金融稳定基金是一种临时性的救援机制，如果在机构成立后没有金融救助项目进行，该机构则将于2013年6月30日结束。为了建立一项永久性的救援机制，欧盟委员会对欧洲金融稳定基金进行了扩容和升级，在2011年3月25日—26日举行的欧洲峰会上批准了欧洲稳定机制（European Stability Mechanism，简称ESM）的协议，以继承欧洲金融稳定基金的金融稳定职能。欧洲稳定机制将由800亿欧元现金及6 200亿欧元通知即付资本组成。2012年10月8日,欧洲稳定机制正式生效。

二是于2010年5月12日提出了一项改革方案。该方案主要包含两个方面的内容:(1)加强成员国之间的经济政策协调。各成员国所提出的经济改革政策要参与相互评议,同时建立一套宏观经济的衡量指标体系,来监控欧盟内部的宏观经济平衡状况,并以此来指导相关成员国对经济政策进行相应的调整。(2)加强欧盟的财政纪律约束。各成员国提交的财政预算案也要实行相互评议,以此形成对赤字和债务超标成员的压力,目的是保证各成员国的财政赤字和公共债务被控制在《稳定与增长公约》规定的范围之内。另外,对类似希腊等财政不达标的成员国,欧盟将采取惩罚措施,包括冻结为其提供的资金,以用于应对其可能发生的危机。

五、自身矛盾为根本

马克思说过,"任何外因只能通过内因起作用"。事实上,美国次贷危机发生后,为了刺激经济,世界主要国家不约而同地采取了大量发债的扩张性财政政策。希腊主权债务危机发生的原因,除了以上提到的诸多外部因素影响外,最重要的原因还是希腊经济自身矛盾重重。

首先,经济结构失衡。希腊进入工业化时间较短,工业和制造业较为落后,属于欧元区工业欠发达国家;航运业和旅游业构成了希腊国民经济的支柱产业,是希腊外汇收入的主要来源。希腊经济严重依赖第三产业,而旅游业和航运业都属于强周期性行业,经济的下行会导致相关需求严重萎缩,因此当外部冲击来临时,希腊主权债务出现问题也就不难理解了。

其次,社会福利过高。虽然希腊的经济发展水平落后于欧元区的德国、法国等发达经济体,但是在加入欧元区后,希腊的工资水平和社会福利迅速向欧元区发达国家看齐,由此导致希腊具有典型的高福利、高工资的特点。社会福利支出负担沉重,已经超出了希腊财政的承受能力。1980年,希腊社会保障支出占GDP的比重为10.2%,约为德国的45%、法国的49.3%和英国的61.4%；2000年，希腊社会保障支出占GDP的比重为16%，约为德国的73.2%、法国的68.8%和英国的99.8%。在福利水平与西欧发达国家差距逐步缩小的同时，希腊的经济发展水平与这些国家的差距却在逐步扩大。1980年，希腊人均GDP相当于德国的73.1%、法国的71.2%和英国的79.9%。2000年，希腊人均GDP相当于德国的65%、法国的65.9%和英国的64.1%。[①]

最后，刺激计划不当。希腊和欧元区债务危机的发生，究其根源主要是各国为了防止美国次贷危机的蔓延，纷纷采取扩张性的货币政策和财政政策来刺激经济。各国政府"借新债还旧债"，导致债台高筑、赤字率攀升，最终以债务危机的形式表现出来。遗憾的是，虽然刺激计划暂时平滑了经济周期的波动，但并未从根本上解决经济发展的核心问题，反而延长了经济出清的过程，从"短痛"转变成"长痛"。

---

① 孙守纪：《希腊主权债务危机背景下的社保改革》，《中国地质大学学报》（社会科学版）2012年第12卷第5期，第110~115页。

第十章　中希经贸合作

中国和希腊同为"四大文明古国",中希之间的经贸往来与合作历史悠久。在我国西汉时期,中希两国就开始有农业和畜牧业领域的贸易往来。1972年,中国与希腊建立大使级外交关系,这是两国经贸史上的重要转折点,双方的贸易额发展迅速。中国实行"走出去"战略和提出"一带一路"倡议以来,中希经贸合作进一步深化。

第一节　中希经贸合作历史

中国和希腊的经贸往来不仅仅局限于农业种植和畜牧业等领域。从中国古代都城长安到君士坦丁堡和大马士革等遥远城市,丝绸之路沿线的文化和商贸活动成为促进亚欧大陆紧密联系的重要因素,为经济和文化的自由交流提供了广阔的空间[1]。

中华人民共和国成立以后,中希经贸合作关系一度中断,直至1955年中希民间经贸来往才重新开启,但总量并不大。1972年,中国与希腊建立大使级外交关系,这是两国经贸史上的重要转折点。两国建交后,双方的贸易额发展迅速。据中方统计,1972年建交当年,双边贸易额仅为170万美元,1979年即超过2 000万美元,1989年首次突破1亿美元,1998年达4亿美元。

---

[1] 张利华、齐思源:《中国能否助希腊走出危机》,FT中文网,2015年5月13日。

进入21世纪，中希经贸合作进入了新的高速增长期。2000年，中希贸易额一举越过5亿美元大关，达6.27亿美元。2001年，中希贸易额达到了7.52亿美元。到2003年10月底，中希双边贸易额达到了9.53亿美元[①]，2007年双方贸易额突破了30亿美元大关。后受美国次贷危机和希腊主权债务危机的不利影响，中希双边贸易额有所下降。

第二节　中希经贸合作基础

中希两国经济具有较强的互补性，使得中国和希腊之间的经贸合作有着天然的经济基础，具体表现在以下几个方面：

一、中国外贸体量巨大，希腊海运发达

据海关统计，2016年，我国货物贸易进出口总值24.33万亿元人民币，其中出口13.84万亿元，进口10.49万亿元，贸易顺差3.35万亿元。我国贸易总量仅次于美国的37 059亿美元（相差204亿美元），排名世界第二。欧盟、美国和东盟为我国贸易前三大伙伴，贸易额分别为3.61万亿元、3.43万亿元和2.99万亿元人民币，三者合计约占我国贸易总额的41.2%。

希腊海洋运输业十分发达，是名副其实的世界第一海运大国，拥有着全球规模最大的商业船队（4 000多艘），占世界商船总吨位的16%。相关数据表明，希腊船东承运着中国近60%的进口原油和超过50%的进出口货物。

希腊海运业发达与否和船舶的数量是分不开的，数量的多少直接决定了其运输能力的大小。中国造船企业在2012年大力发展海工装备技术，相比韩国、日本等国，虽说起步规划晚，但凭借着制造业基础雄厚，装备制造及船舶等产业优势已经形成，中国已经成为世界船舶

---

① 希腊经贸概况和中希经贸合作，参见：http://gr.mofcom.gov.cn/.

制造强国和船舶出口大国。对希腊船东而言，中国造船企业能够满足对船舶的订单需求，提供性价比高的船舶产品。目前，希腊船东是中国造船业的主要客户，我国几乎一半的船舶订单量来自希腊。

二、中国产能过剩，希腊工业落后

当前，全球近80%的空调、近70%的手机以及60%的鞋类都是"中国制造"，中国的钢铁、水泥、平板玻璃、电解铝等产业有世界上比较大的产能优势，产品符合国际标准和规范。[①]同时今天的中国也是全世界唯一一个拥有联合国产业分类中全部工业门类的国家，39个工业大类，191个种类，525个小类，使中国形成了全球最为完备、最为齐全的工业体系。中国已经是全球的制造大国，有"世界工厂"之称，有着良好的制造基础，装备制造远销海内外，有"Made in China"字样的产品已从神州大地走进了世界的每一个角落。

希腊工业化起步较晚，工业基础薄弱，制造业规模较小，技术水平较为落后，航运、旅游与侨汇等构成其财政收入的主要来源。希腊主权债务危机发生后，制造业的薄弱，使得国民经济缺乏造血功能。因此希腊可以承接中国过剩产能的转移，增强工业制造能力，改善失衡的经济结构，增加经济的造血功能。

三、希腊急需外部投资，中国资本充盈

受美国次贷危机和其自身的主权债务危机的双重影响，希腊经济面临着极大的困难：尽管欧盟、欧洲央行和国际货币基金组织这"三驾马车"对希腊施行了多轮救助，但经济衰退、失业率上升导致希腊财政收入锐减，其对巨额外债的偿还一再延期。据估计，2017年希腊经济虽然恢复增长，但希腊政府财政平衡仍面临较大挑战。希腊政府资金匮乏，在国际社会融资困难，急需外来投资。

---

① 陈利君、杨凯：《"一带一路"背景下的中印产能合作》，《学术探索》2016年第10期，第36～43页。

改革开放后,中国外汇储备稳步增长,2006年中国外汇储备首次突破1万亿美元,此后一直稳居世界第一。2014年第二季度末,我国外汇储备达到历史峰值,接近4万亿美元大关,占到全球外汇储备的1/3。近几年,我国外汇储备出现了下降态势,但一直保持在3万亿美元以上。过多的外汇储备会导致人民币持续升值,不利于产品出口,也容易授以他国反倾销的口实。因此实行走出去或者出海战略,扩大对"一带一路"沿线国家或地区投资,可以改善我国外汇储备结构,加快人民币国际化进程,适当化解外汇风险。

第三节 中希经贸合作现状

近几年来,在实施"一带一路"建设背景下,中希两国经贸往来频繁,双边贸易发展良好,双向投资规模增长较快,经贸合作关系进一步深化。

一、中希双边贸易

中希双边贸易总体规模较小,进出口货物仍以两国的传统优势产品为主,中国对希腊出口主要为机电和家具类产品;中国自希腊的进口则主要为大理石等建材、药品、矿产以及农副加工产品。

矿产品是希腊对中国出口的首位产品,其次主要有机电产品、纤维素浆、纸张、化工产品、纺织品及原料、贱金属及制品等。机电产品是希腊自中国进口的第一大商品,家具、玩具,纺织品及原料是希腊自中国进口的第二和第三大类产品,另外,贱金属及制品和鞋靴、伞等轻工产品和塑料橡胶也是希腊自中国进口占比超过5%的商品。中国是希腊机电产品,家具、玩具、鞋靴、伞等轻工产品最大进口来源国,分别占其同类产品进口市场份额的18.7%、30.8%和24.3%,中国产品主要竞争者来自德国和意大利。欧洲是希腊食品饮料的主要出口目的地，但是随着希腊公司寻找更多的选择，出口到其他国家的比例也有了高速增长，比如到中国。食品贸易商慢慢发现中国不断壮大的中产阶级已经快速发展成了橄榄油和其他地中海食品的消费人群。近几年，从希腊到中国的食品出口量呈现高增长，特别是葡萄酒和橄榄油。2011年，葡萄酒的增长近200%。2013年，希腊出口到中国的橄榄油（主要是特级初榨橄榄油）增长了近80%。除了橄榄油和葡萄酒，随着不断扩大的出口，其他的希腊食品也越来越多地受到中国消费者的喜爱，如意大利面、Feta奶酪等品牌，还有酸奶、包装食品、烘焙食品（如曲奇和饼干）、糖果和巧克力、蜂蜜、包装好的水果（如桃子）。

二、中希双向投资

中希双向投资规模不大，但增长速度较快。2009年10月，中国远洋海运集团有限公司取得希腊比雷埃夫斯港2号和3号集装箱码头35年特许经营权，这是我国企业首次获得欧洲大型港口特许经营权。12月，有关特许经营权修改和3号码头扩建的中远比港友好协商协议最终获希议会审批生效。2015年1月，中远比雷埃夫斯港3号码头扩建工程正式启动。2016年1月，中远海运集团成功中标希腊比雷埃夫斯港港务局私有化项目。同年6月，希腊议会表决通过有关合作协议。

2010年，中希两国签署了多项双边协议，进一步显示出中国对深陷债务危机、备受财政赤字困扰的希腊的有力支持。两国建有双边经贸混委会机制，迄今共召开了11次会议。2014年6月，两国签署《关于加强双边经济投资合作的谅解备忘录》。

截至2015年年底，我国在希腊各类投资累计超过13亿美元，集中在海运、电信和光伏领域。目前，在希腊的中资企业和机构主要有：中远希腊代理有限公司、中远比雷埃夫斯集装箱码头有限公司、中国海运（希腊）代理有限公司、中海海员对外技术服务公司驻雅典代表处、中希海商服务有限公司、中国国际航空公司雅典营业部、华为技术(希腊)有限公司、中兴通讯(希腊)公司、天华阳光控股(希腊)有限公司、新时代集团希腊公司和汉能集团希腊公司等。此外,还有众多中国企业已经在希腊承包劳务。据中国商务部统计,2015年中国企业在希腊新签承包工程合同13份,新签合同额1.79亿美元;总计派出各类劳务人员274人。

第四节 中希经贸合作特点

当前,中希经贸交流与合作进一步深化,主要表现在以下几个方面。

一、贸易规模稳步增长

由于中希两国经济互补性较强,双边贸易长期实现稳定增长具备坚实的基础,双方的贸易合作具备广阔的空间。

2012—2014年,中希双边贸易额是逐年上升的。2013年,中国已成为希腊排名第十七位的出口市场和第五大进口来源地。2016年,希腊解除退欧危机后,中希双边贸易额迅速大幅回升,达到44.8亿美元,同比增幅为44.9%。2013—2016年,中希贸易额年均复合增长率达到6.8%。

二、产品结构逐步改善

根据2000年中国外经贸部(中国商务部前身)的统计数据来看,中希双边贸易中,进出口产品主要集中在农产品和轻工业产品方面,产品技术含量和附加值较低。我国对希腊的出口主要集中在以下几个类别:抽纱、轻工业品和工艺品,分别占了出口总额的41%、16%、14%;而中国从希腊进口的商品主要是石油化工产品、小麦、棉花,分别占进口总额的41%、26%、6%。

到了2013年,中希双边贸易中,贸易产品结构发生了较大变化。

希腊自中国进口的主要商品为机电产品、运输设备、贱金属及制品等，分别占进口总额的33.4%、12.3%、11.8%，产品技术含量和附加值在提高；其出口的产品主要为矿产品、贱金属及制品和纺织品及原料，分别占出口总额的63.1%、12.2%、7.8%，初级产品占比较2000年有所提升。近几年来，这种贸易产品结构较为稳定。一方面，说明经过了40年的改革开放，中国经济实力得到大幅提升，出口产品技术含量和附加值在增加；另一方面，表明希腊经济结构并未发生变化，仍然以第三产业为支柱产业，工业制造业较为落后的局面没有改变。

三、跨境旅游方兴未艾

现如今旅游业的发展无疑在经济社会发展中占据重要地位。旅游业的兴起对于增加外汇收入和储备，增加劳动力就业，以及基础设施完善方面发挥着积极的作用。随着生活水平的提高，在保障了基本的生活保障之后，人们对精神层面的需求越来越大，便催生了享受高质量生活的观念以及走出国门看世界的需求，这些无疑似催化剂一般，使得旅游业增长迅速，旅游业的发展与繁荣有望成为全球经济增长的助推器。希腊得天独厚的自然条件，使得旅游资源拥有独特的海峡风情，同时希腊也是西方文化的发源地和欧洲大陆文化遗产最为丰富的国家。

近些年来，中国公民出境旅游热潮涌现，2014年突破了1亿人次，境外人均花费3 000多美元，总体购买力居全球第一。其中，海洋旅游成为中国人的新宠。根据希腊旅游部公布的数据，2014年，希腊吸引了2 400万外国游客，创下历史新高，比2011年的1 640万增长了46%。同期到希腊旅游的中国游客达到了10万人次，同比增长了70%，增长迅猛；但从总量来看，仅占同年希腊2 400万外国游客的0.41%，仍然有着较为广阔的发展空间。希腊旅游企业联合会主席安德里亚蒂斯预测：到2021年，到希腊旅游的中国游客人数可能达到100万人次。

希腊旅游的优势在于成熟的市场、丰富的经验、规范的管理、高素质的从业人员及优越的地理位置。中国有巨大的市场潜力、较充足的资金和雄心勃勃的发展规划。中希加强旅游合作不仅将促进两国人员交往，深化人民之间的友谊，也将为两国经贸合作打造新的增长点。这对于促进中国经济转型和提质增效，以及帮助希腊走出债务危机都具有重要的积极意义。中希双方应在国家形象宣传推广、特种旅游、旅游教育和培训、旅游投资、加强航空联系性、在多边框架下协调立场等方面开展合作。例如，鼓励两国地方政府和企业探讨邮轮游艇产业合作；支持和扩大希腊在中国的签证业务，方便中国公民签证申请；希腊地方政府可以通过同中国城市结好而提高在中国的知名度；希腊应升级改造希腊的旅游接待设施，开发更多符合中国游客的旅游产品和服务等。2017年5月13日，中希达成了直航协议，于2017年9月份正式启航，实现9小时直飞；9月30号，中国国际航空公司开通北京以及上海与雅典之间的直航，北京至雅典的飞行时间将缩短至9个小时，这将极大提高直接赴希腊旅游的中国游客数量。

四、海洋合作持续深化

中国和希腊均为海洋大国，双方之间的海洋合作是以中远集团获得比雷埃夫斯港经营权事件为标志。2008年6月12日，中远集团通过竞标，以43亿欧元获得了比雷埃夫斯港2号、3号集装箱码头35年特许经营权。这一事件对于中希双方海洋经贸合作产生了深远的影响。

2014年6月21日，中国宣布，将以比雷埃夫斯港为中希海洋合作的纽带，把比雷埃夫斯港打造成中希合作亮点，使之成为中国通往欧洲的重要门户，规划围绕比雷埃夫斯港发展修船业、船舶制造业，并从比雷埃夫斯港开始逐步改造从希腊通向欧洲腹地的铁路干线，努力把比雷埃夫斯港建设成欧洲乃至世界上最具竞争力的港口，推进中希航运产业合作。

据希腊 *Naftemporiki* 英文网站报道：2017年上半年，中远海运负责管理的比雷埃夫斯港务局营收和利润都实现增长。其中，营收额达到5.2亿欧元，2016年同期为4.62亿欧元，同比增长了12.6%。利润方面，税前利润达到了8 600万欧元，2016年同期仅为1 800万欧元；税后利润为4 400万欧元，2016年同期为1 600万欧元。目前，比雷埃夫斯港已经实现重大飞跃，成为地中海地区发展最快的商业港口之一。

2015年3月27日，中希海洋合作年在北京启动，活动的主题是"深化海洋合作，共建蓝色文明"。活动期间，中国邀请希腊出席（中国）湛江海洋经济博览会和（中国）珠海海洋科技博览会，为浙江省与希腊在船舶制造、维修和船用设备进出口领域合作搭建平台。

五、中国投资增长强劲

2016年4月8号，中远集团和希腊共和国发展基金（HRADF）正式签署了比雷埃夫斯港口管理局股权的转让协议和股东协议，以总计3.685亿欧元的价格收购比雷埃夫斯港67%的股权。中远集团成功收购比雷埃夫斯港向国际投资者证明了希腊政府发展经济、吸引外资的决心和诚意，这对拟在希腊发展的中资企业来说是重大利好消息，中资企业对赴希腊投资合作的兴趣进一步高涨。

中国国家电网、中建集团、中国机械设备工程进出口集团等大型国有企业积极参与跟进希腊大规模私有化和工程建设项目，掀起了投资希腊的小高潮。除此之外，阿里巴巴集团、中国国际电视集团、华为公司、中兴公司、复星国际等企业以及中国进出口银行、中国银行等金融机构也相继远赴希腊，积极寻求开启或进一步扩大与希腊方面的合作。中国资本对希腊市场更为青睐，中希经贸合作正全面迈进2.0时代。截至2015年年底，中国对希腊直接投资约为13亿美元，虽然规模相对较小，但未来合作潜力巨大。

六、互联网金融相互携手

在互联网金融支付领域，在我国国内有一个被广泛使用的支付软件——支付宝，大大方便了人们的生活。随着技术的日益发展，阿里巴巴集团推出了网商银行，取名My Bank。My Bank长期致力于为中小银行提供银行内部系统服务，拥有大量银行资源。

据希腊财经报纸 *Naftemporiki* 网站报道：到目前为止，希腊共有20家企业在其网上商店接受My Bank支付服务，已经有超过67 500笔付款，交易次数平均每月增加55%，在线交易额超过1 500万欧元。My Bank电子支付服务自2017年年初开始普及，现有希腊银行协会四个成员银行提供该服务，即比雷埃夫斯银行、希腊国民银行、希腊阿尔法（Alpha）银行、欧元银行。

第五节　"一带一路"与中希经贸合作

2013年9月，中国国家主席习近平访问哈萨克斯坦，在哈萨克斯坦纳扎尔巴耶夫大学发表题为《弘扬人民友谊　共创美好未来》的重要演讲。在演讲中，习近平指出，为了使亚欧各国经济更加紧密、相互合作更加深入、发展空间更加广阔，我们可以用创新的合作模式，共建"丝绸之路经济带"，以点带面，从线到片，逐步形成区域大合作。2013年10月，习近平在访问东南亚国家时又提出了建设"21世纪海上丝绸之路"的倡议，与"丝绸之路经济带"合称"一带一路"（The Belt and Road，缩写B&R）。它将充分依靠中国与有关国家既有的双多边机制，借助既有的、行之有效的区域合作平台，"一带一路"建设旨在借用古代丝绸之路的历史符号，高举和平发展的旗帜，积极发展与沿线国家的经济合作伙伴关系，共同打造政治互信、经济融合、文化包容的利益共同体、命运共同体和责任共同体。

"一带一路"建设覆盖地区的总人口约46亿（超过世界人口60%），GDP总量达20万亿美元（约占全球1/3）。"一带一路"建设有望构筑全球经济贸易新的大循环，成为继大西洋、太平洋之后的第三大经济发展空间。

基于"一带一路"倡议的经贸合作,对中国而言,能有效地促进规模经济、要素自由流动和集聚,不断提高经济密度,加强各类基础设施建设,大大缩短物理距离和空间距离,大幅度降低运输成本、物流成本,实现投资、贸易、服务便利化,扩大市场规模和市场主体规模,增强专业化程度,促进城乡一体化;大幅度地消减绝对贫困人口,不断提高人民收入水平,实现基本公共服务均等化,着力改善人民生活质量,努力缩小城乡收入差距,地区发展距离等。

一、"一带一路"需要希腊

"一带一路"倡议的成功实施,需要沿线国家积极参与。欧洲国家在该项计划中扮演着十分重要的角色。欧盟连续十多年保持着中国第一大贸易合作伙伴的地位,双方年度贸易额突破5 500亿美元,人员往来每年超过500万人次。[①]欧盟国家也是我国外资的主要来源地,在促进我国经济发展、生产方式转变中扮演着极其重要的角色。

其一,希腊加入"一带一路"建设能够助力中国打开欧洲市场,缓和矛盾冲突,共同发展。希腊作为欧盟成员国,加强与希腊之间的合作,了解希腊的文化在一定程度上也就是了解欧盟其他成员国的文化,加强与希腊的政治互信也就能加强与欧洲其他国家的联系。借助希腊这个平台,我们可以更好地了解欧洲。这样能够使我国更加主动地走向欧洲,树立一个良好的外部形象,进而扩大我国在欧洲国家的影响力,为进一步打入欧洲市场奠定基础。[②]

其二,"一带一路"在欧洲的布局主要有两条线,即北线与南线。北线是以亚欧大陆桥为主要的航线通道,南线由中国南部沿海城市出发,经海路到希腊的比雷埃夫斯港。希腊能否加入"一带一路"直接

---

① 深化互利共赢的中欧全面战略伙伴关系——中国对欧盟政策文件,参见:http://www.gov.cn/2014-04/02/content.
② 胡鞍钢:《"一带一路"经济地理革命与共赢主义时代》,《光明日报》2015年7月16日。

决定了南线的畅通与否。该条线路的成功运营也能够产生巨大的经济效益,如以往的货物运输线路由荷兰的鹿特丹港经大西洋、非洲西部、好望角、印度洋、马六甲海峡、中国南海等地,该条线路的开通,使得中国与欧洲之间的货物运输时间比使用传统路线缩短了7~11天。

其三,希腊的比雷埃夫斯港成为"中欧陆海快线"的战略中转地。"中欧陆海快线"南起希腊的比雷埃夫斯港,北至匈牙利布达佩斯,中途经过马其顿的斯科普里和塞尔维亚的贝尔格莱德,直接将货物运输至欧洲大陆内部。这种海陆一体化的联运方式,将大大加快货物周转速度,提高周转效率。

其四,从地缘政治角度上看,希腊位于地中海地区,拥有北约重要的战略基地克里特岛,希腊在过去十年积极发展与其北约盟友土耳其的关系,从而为巴尔干半岛提供了好的安全环境。希腊也是能源运输的主要国家,对我国的能源安全战略作用极大。[1]

二、希腊需要"一带一路"

首先,"一带一路"建设为希腊提供了摆脱主权债务危机影响,实现经济增长的历史机遇。希腊的地理位置正处于"一带一路"的重要节点,如果将希腊本国的经济发展与"一带一路"成功实现对接,希腊就可以最大程度地发挥其海运、航空、陆地交通和物流领域的优势。其中比雷埃夫斯港作为地中海地区最大的港口之一,是距离苏伊士运河最近的西方港口,可以通过该港口发展拉动希腊本地生产和就业,最终推动希腊经济整体增长。

其次,"一带一路"建设可以帮助希腊经济结构调整和产业升级。希腊经济结构不平衡,工业制造业较为落后,旅游业和航运业为其经济支柱。"一带一路"建设在短期内会给希腊带来大量来自中国的直接

---

[1] 刘作奎:《欧洲和"一带一路"倡议:回应与风险(2017)》,北京:中国社会科学出版社,2017年。

投资，尤其是工业制造业领域如汽车制造、船舶制造和维修等，以及诸如电子信息业等高新技术企业。长期内，这些产业又会带来相关配套产业的集聚，从而提高希腊工业制造业的技术水平，改善希腊经济结构。

最后，"一带一路"建设能助力希腊实现文明复兴。从文化上来看，"一带一路"就是要鼓励更多的文艺复兴，打破以国家为思考单元的限制，最终建立新的文明体系。①在合作中，技术的推动是实现文明复兴的重要手段，而"一带一路"所倡导的"共商、共建、共享"理念可以使其民族文化发展壮大，实现文明复兴。

---

① 王义桅：《世界是通的——"一带一路"的逻辑》，北京：商务印书馆，2016年。

第十一章 中国对希腊的投资

十一届三中全会后，在改革开放方针的指引下，1979年8月13日，国务院提出了15项经济改革措施，其中第13项明确提出"要出国办企业"。这是中国政府第一次把发展对外直接投资作为国家政策确立下来。这项政策的确立，为中国企业的跨国直接投资奠定了基础。1981年，原外经贸部颁发了《关于在国外开设合营企业的暂行规定》《关于在国外开设非贸易性企业的暂行规定》，1984年又制定了《中国对外投资开办非贸易性企业的暂行审批程序和管理办法》。在这些政策的推动下，一些长期从事进出口业务的专业外贸公司和具有对外经济合作经验的企业，首先跨出国门到海外投资[①]，由此拉开了中国对外投资的序幕。

数据显示，中国占全球投资的比重从1995年的4.3%上升至2014年的25.8%。从占本国GDP比重来看，中国从1990年的34.9%上升到2014年的47.8%。2014年，中国实现全行业对外直接投资1 160亿美元，加上中国企业在国（境）外利润再投资和通过第三地的投资，实际对外投资规模在1 400亿美元左右，超出中国利用外资约200亿美元。至此，中国成为资本净输出国。它标志着中国开始从经济大国向经济强国迈进，必将会对世界经济体系产生深远影响。多年来，由于劳动力成本低廉，中国一直作为"世界工厂"参与全球分工。展望未

---

① 李桂芳：《中国企业对外直接投资分析报告（2009）》，北京：中国经济出版社，2009年。

来，中国的角色将会发生转变，"中国资本"将取代"中国制造"成为中国的名片。

第一节　中国政府购买希腊国债

外汇储备是一个国家国际清偿能力的重要组成部分，对于平衡国际收支、稳定汇率至关重要。譬如：当一国的国际收支出现逆差、汇率有贬值倾向时，中央银行可以在外汇市场上卖出外汇买入本币，资金流入弥补逆差，同时抬升本币汇率；反之则相反。世界各国在对外贸易与国际结算中经常使用的外汇储备主要有美元、欧元、日元、英镑、人民币等。

经过40年的发展，我国外汇储备已经稳定在3万亿美元以上的规模（不包括我国香港、澳门和台湾），成为世界上第一大外汇储备国，占世界外汇储备总额的50%左右。高额的外汇储备使得我国成为世界主要经济体中财务状况最好的国家之一，不仅对人民币汇率稳定与人民币国际化具有积极作用，在当前地方政府、企业和居民去杠杆的背景下，还成为中央政府加杠杆的"定海神针"。不过，过高的外汇储备也会带来副作用。首先，外汇储备并不能用于国内，如果将外汇储备换成人民币，则可以增加国民收入，改善国民福利，因此持有外汇储备就会产生机会成本；其次，外汇储备的增加意味着人民币投放增加，会产生通货膨胀，因为我国实行的是强制结售汇制度，外币在国内不能流通，必须结算成人民币；其三，外汇储备过多会限制中央银行的独立性，增加货币政策实施的难度，降低宏观调控的效果。

因此，跨地区、多元化购买外国国债不仅可以降低汇率风险，还可以适度化解外汇储备过高的难题，也是较为重要的对外投资方式。所谓购买外国国债，是指中央政府动用外汇储备购买外国政府发行的以外币计价的国债或公债。中国政府购买外债既是一种投资方式，以获取利息收入；又具有多元化外汇储备、分散外汇储备风险的作用；作为外国政府的债权人，还有获得政治利益和经济利益的可能性。在我国当前的外汇储备结构中，黄金等贵金属和其他外汇占比较少，主要以美国国债和机构债券形式持有的美元资产，占70%左右。如果美元贬值，我国外汇储备就会产生较大的损失。因此，可以适度减少购买美国国债，增加购买其他国家国债的额度。2009年，由希腊引发的欧洲主权债务危机为我国政府多元化外汇储备提供了难得的机遇，在此期间，我国政府购买了大量欧洲国家的国债，其中就包括希腊国债。

2010年5月，欧盟、欧洲央行和国际货币基金组织这"三驾马车"达成总额7500亿欧元的希腊抒困计划时，欧盟出资600亿欧元，欧洲央行出资4400亿欧元，国际货币基金组织出资2500亿欧元，其中最后一项是国际货币基金组织按各成员国所占股份份额分摊，中国当时在国际货币基金组织中占3.72%的份额，中国所分摊的希腊国债约为93亿欧元，如果算上中国购买国际货币基金组织债券又被国际货币基金组织挪用为希腊抒困的资金，总金额还会再高一些。

2010年10月3日，中方宣布中国政府已经购买了希腊国债，并将采取积极姿态继续参与希腊新发行国债的认购。2014年6月20日，中方表示：中国从未放弃希腊债券市场，不仅如此，中国还增持了希腊国债。当希腊政府发行新国债时，中国仍将是希腊国债长期且负责任的投资者。2015年3月10日，希腊国内报纸 *Kathimerini* 引述知情人士的话称：中国将参与希腊下一轮国债拍卖。此前，中国曾经在上一次拍卖中购入1亿欧元希腊国债。

总计来看，中国政府所购买的希腊国债总额在150亿～250亿欧元，将来仍会积极购买希腊国债。正如国务院总理李克强所说：在希腊主权债务危机期间，中国政府和人民为希腊克服债务危机做出了努力，也用实际行动回应了希腊的一些关切和请求。

第二节　中国企业在希腊的投资

外国直接投资，又称FDI（Foreign Direct Investment），是指一国

的投资者（企业）将资本用于他国的生产和经营，并掌握一定经营控制权的投资行为。外国直接投资的主要形式有三种：一是绿地投资（Green Field），指跨国公司在国外直接新建一个子公司；二是联合经营（Joint Venture），指跨国公司在国外与该国公司建立合资企业；三是跨国并购（Cross-Border Merger & Acquisition），指跨国公司兼并或收购国外公司。外国直接投资被认为是经济全球化的重要推动力量，与国际贸易一起成为世界经济增长的"双引擎"。一国可以通过吸引和利用外资来弥补本国经济发展中面临的资本和外汇短缺，不仅可以推动东道国的经济发展，还可以通过技术溢出效应，提升东道国的技术发展水平，提高生产效率。近几年来，随着"一带一路"倡议的稳步推进，中国企业在希腊的投资逐渐加大。对于希腊来说，来自中国的直接投资不仅能促进希腊经济增长，还对希腊经济的转型升级具有积极作用。

2008年6月12日，中远集团通过竞标，以43亿欧元获得了比雷埃夫斯港2号、3号集装箱码头35年特许经营权。这一事件对中资企业在希腊的投资产生了深远的影响。2010年6月，希腊和中国企业签署了14项商业协议，主要涉及航运、地产和农产品出口等行业，并将进一步推动中希在能源、基础设施、贸易、海运、旅游等各领域的互利合作。

2013年，习近平主席提出了"一带一路"畅议，希腊成为中国企业和商品进入欧洲的重要门户。由此，中国企业在希腊的投资额度明显上升，投资范围也明显扩大。

2013年5月，时任希腊总理安东尼斯·萨马拉斯隆重访华，精心准备了面向中国企业的希腊国有资产私有化清单，包括：雅典国际机场、塞萨洛尼基水务公司、雅典水务公司、DEPA天然气公司、希腊邮政局、Egnitia高速公路、希腊赛马组织、一系列的港口码头和政府办公建筑，还有一些爱琴海上美丽的小岛和度假村。其目的是希望中国政府和企业能出手购买希腊公共资产，帮希腊度过最艰难的时期。

2016年4月8号，中远集团和希腊共和国发展基金正式签署了比雷埃夫斯港口管理局股权的转让协议和股东协议，以总计3.685亿欧元

第十一章 中国对希腊的投资

的价格收购比雷埃夫斯港67%的股权。中远集团成功收购比雷埃夫斯港，向国际投资者证明了希腊政府发展经济、吸引外资的决心和诚意，这对拟在希腊发展的中资企业来说是重大利好消息，中资企业对赴希腊投资合作的兴趣进一步高涨，掀起了投资希腊的小高潮。[①]多家中国企业正在跟进希腊的投资并购以及基础设施建设项目，更有诸多中国企业在市场中积极寻求食品加工、旅游服务及旅游设施、科技创新、文化产业、房地产、健康医疗等领域的投资机会。

一、旅游及房地产

2016年4月，中国最大的旅游集团之一——中青旅控股股份有限公司在希腊设立了中青旅希腊公司，并收购了锡拉岛上的两家酒店，下一步该公司还准备在雅典收购部分旅游地产。此外，有更多中国公司瞄准了希腊的旅游基础设施和旅游业配套产业，他们正积极与希方接洽寻求合作。

2017年6月，中国民营企业巨头复星集团斥巨资投资的位于雅典南部旧机场（Hellenikon）的海滨度假村项目终于启动，这个有着"欧洲最大赌场"之称的项目占地面积约620万平方米，其中包含豪华住宅、酒店、赌场、购物中心、展览中心以及音乐会设施等。项目总投资79亿欧元，约合600亿人民币，预计在未来15年左右全部开发完毕，预计每年吸引超过100万人次的游客。希腊政府认为，这次开发有利于重振当地经济，同时希腊政府也对复星集团做出了保证，该项目的年回报率可以高达15%。

万达集团、阿里巴巴集团等企业频频"试水"希腊地产市场，阿里巴巴集团对希腊的兴趣主要集中在有意向开拓和发展中国市场的希腊出口企业，以及有意向为中国游客提供旅游服务的希腊相关机构。

[①] 约翰·科里奥普罗斯、萨诺斯·维莱米斯：《希腊的现代进程——1821年至今》，郭云艳译，上海：上海人民出版社，2008年。

二、新能源

希腊自然资源相对贫乏，但太阳能和风能等资源丰富，政府高度重视太阳能和风能等新能源的研发和投资，光能转换技术较为成熟。希腊阳光资源充足，太阳辐射量平均高于德国40%，作为欧盟电网覆盖的一部分，希腊向欧洲电力缺口国输售电力，并且努力吸引欧盟国家和企业进行光伏发电投资以完成其可再生能源目标。在希腊投资光伏电力项目对促进绿色能源的发展，对促进希腊经济和欧盟完成可再生能源指标都非常重要。

天华阳光新能源投资有限公司（以下简称"天华阳光"）是继中远集团斥巨额投资比雷埃夫斯港口之后，成为在希腊绿色能源领域最大的中国投资企业，在协助中国产品的对外输出的同时，为中国企业在海外的安全投资铺桥搭路。天华阳光锁定优良资源市场，自2007年就开始启动希腊光伏绿电业务，近几年来收获丰硕。2013年3月18日，天华阳光宣布其海外希腊70兆瓦地面光伏电站全部于3月12日前发电并网成功。天华阳光70兆瓦光伏电站由40兆瓦和30兆瓦项目包组成，项目所在地区平均光照超过每年1 500小时。其中40兆瓦项目于2013年1月28日并网发电，30兆瓦项目于3月12日并网发电。项目均享有20年希腊光伏FIT补贴，锁定电价为0.29～0.44欧元/（千瓦·时）。

中国薄膜巨头汉能控股集团有限公司（以下简称"汉能"）的地面电站项目开拓至海外市场。2013年1月，希腊Solel Achaias薄膜发电电站并网发电，这是汉能在海外的第一个地面薄膜发电并网电站项目，也是在希腊成功并网发电的第一座薄膜发电电站。该电站装机容量约为2兆瓦，每年可实现二氧化碳减排超过1 510吨，得到当地政府的肯定和大力支持。2013年1月18日，希腊Solel Imathias薄膜发电电站成功并网发电，这是汉能在海外继Solel Achaias电站之后，又一个地面薄膜发电组件并网电站项目，也是在希腊成功并网发电的第二座薄膜发电电站。该电站项目装机容量约为2兆瓦，每年可实现二氧化碳减排超过1 510吨。2013年3月10日，希腊BOE 1.5兆瓦薄膜发电电站成功并网发电，这是汉能在希腊继 Solel Achaias 和 Solel Imathias 电站之后，又一个新的里程碑。汉能也有意向对希腊可再生能源产业投资 15 亿欧元（约合 20.4 亿美元），从而开发大约 1 000 兆瓦的电站项目，包括大型水电项目及太阳能光伏发电站。另外，汉能还将投资希腊国有电力公司——公共电力公司以及一家新成立的太阳能光伏发电研发中心。由于国际债权人对希腊的第三轮经济援助计划提出的要求，希腊国家公共电力公司需要在 2019 年前将其市场份额从 87% 下降到 50%，并出售 40% 的燃煤产能。另外，近年受财政紧缩政策影响，希腊国家公共电力公司的市场占有率急剧下降，致使其必须更多地发展可再生能源，并且扩宽服务的范围和拓展途径。

三、基础设施

希腊电网是环地中海电网的重要组成部分，已与阿尔巴尼亚、马其顿、保加利亚、土耳其和意大利等邻国实现了联网，远期规划与塞浦路斯、以色列、北非等环地中海国家实现互联，是实现亚欧乃至亚欧非联网的重要枢纽。希腊国家电网公司拥有并负责运营、维护希腊全国的输电网，在希腊电力发展中具有举足轻重的地位。2016 年 7 月，希腊国家电力公司通过公开招标的方式出售希腊国家电网公司 24% 股权。经过激烈竞争，中国国家电网公司于 2016 年 10 月成功中标。2017 年 6 月，中国国家电网公司入股希腊国家电网公司股权交割仪式在希腊首都雅典正式举行，至此中国国家电网公司投资收购希腊国家电网公司 24% 股权项目取得圆满成功。这是中国国家电网公司继入股葡萄牙国家能源网公司、意大利能源网存贷款公司后在欧洲市场的又一项重大投资，是国家电网公司国际化进程中的新里程碑。这也是国家电网公司在"一带一路"国际合作高峰论坛后，积极推进"一带一路"建设的最新突破，谱写了中希两国能源合作新的篇章，对促进"一带一路"倡议在希腊深入落地、深化两国全面战略伙伴关系具有重要意义。

2017 年 5 月 14 日，在北京举办的"一带一路"高峰论坛上，中国电信设备制造商中兴通讯公司携手深圳凯新荣电子和上海宫保投资同希腊电信公司Forthnet签约，建设希腊全国光纤网络，投资规模在5亿欧元。合作已经协商一年，分七年完成，前三年投资3.5亿欧元，后四年投资1.5亿欧元。

四、健康医疗

2017年12月28日，摩根士丹利管理的私募基金North Haven Private Equity Asia IV（简称NHPEA），通过其子公司NHPEA Maiden Holding BV携手中国专业护肤品经销商百润，以4 830万欧元的价格收购了希腊药妆品牌Korres（珂诺诗） 70%的股权。Korres已经在美国、中南美和欧洲有一定知名度，这项新协议将帮助Korres扩张到亚洲。作为交易的一部分，Korres和百润将签署独家授权和供应协议，由百润负责Korres产品在中国大陆和香港的分销。[①]

Korres的前身是希腊一家顺势疗法药房，由纳索斯岛的药剂师Georgios Korres于1996年在雅典成立。Korres生产基于天然成分（部分是顺势疗法）的女性和男性美容产品，旨在研制出安全有效的天然养护产品，是希腊在这一领域的先驱。Korres的产品涵盖护肤品、香水、沐浴用产品、身体护理品和彩妆等，通过线上零售商、Sephora（丝芙兰）和HSN等零售商出售。交易完成后，Korres将由新的控股公司Nissos Holdings拥有，Nissos股东将追加1 000万欧元投资，用于Korres未来的扩张。

目前，中国企业在希腊的投资虽然增长迅速，但绝对数量仍然较小。以联合国贸易与发展会议发布的《2014年世界投资报告》显示的数据为例：2013年全年希腊吸收外资流量为25.7亿美元，其中中国直接投资流量190万美元，仅为当年希腊吸引外资流量的0.73%。截至2013年年底，希腊吸收外资存量为277.4亿美元，其中中国直接投资存量1.2亿美元，仅为当年希腊吸引外资存量的0.43%。2013年当年我国境内投资者对外投资流量达到901.7亿美元，对希腊投资比例仅

---

① 希腊药妆品牌Korres控股权被中国专业护肤品经销商百润联手摩根史丹利旗下私募基金收购，参见：https://www.sohu.com/a/213380437_487885. 2017年12月28日。

为 0.002%，截至 2013 年年底，我国对外投资存量达 5 257 亿美元，对希腊投资存量比例仅为 0.023%。[①]展望未来，希腊走出主权债务危机的阴影，经济恢复增长，伴随着我国"一带一路"建设的推进，中国企业将会扩大在希腊的投资。

第三节　中国居民在希腊的房产投资

为了刺激房地产市场，提振希腊经济，2013 年 4 月 9 日，希腊议会批准了希腊投资移民促进法——在希腊居住或是养老的无工作的非欧盟公民，只要购买 25 万欧元以上的希腊不动产，获得房产所有权，房主就可带配偶和 21 周岁以下未婚子女共同申请得到希腊 5 年居留许可，房产不出售，居留可继续，直至获得希腊护照，没有年龄限制。

2015 年 7 月，希腊政府颁布了新移民法案：只要投资者在希腊购置 25 万欧元以上的不动产，即可获得希腊政府颁发的"投资者永久居留许可"（即所谓的黄金签证）。希腊居留许可是希腊当局依欧盟规定而签发的证明文件，持有居留许可的第三国公民被授权合法居住在希腊境内。居留许可签发之后的有效期内，无须签证。投资者永久居留许可的有效期为 5 年，可以续签。房产可以转售，通过购房获得永久居留许可的人，可以将房产转售给第三国想获得永久居留许可的人。房产转售后，原永久居留许可持有人的身份也将转移给房产买方。房产可以为商业用房、住宅、农业用地，或者工业用房，只要满足价值在 25 万欧元以上即可，可以一个家庭购买多套房产，也可以多个家庭合买一套房产。只需要每个家庭满足 25 万欧元的最低投资标准即可。

希腊的新移民政策受到国际社会的追捧，尤其是中国投资者。根据有关方面统计，截至 2017 年 10 月，希腊一共向 2 053 个外国购房者家庭颁发了永久居留许可，其中，中国的投资者共有 882 个家庭获得了移民身份，占总投资客的 43%。排在第二位的是俄罗斯，占比

---

① 联合国贸易与发展会议《2014 年世界投资报告》。

18.6%。希腊发放"黄金签证"的人次是3 809名,其中,中国籍人士有1 580名,俄罗斯籍787名。中国投资人当之无愧地排在了第一位,可见其对希腊的热爱程度。据《日经中文网》报道:截至2017年,中国人共投资了78亿人民币(约10亿欧元)买入希腊房地产,尤其是旅游房产成为房地产投资热门。

第四节　在希腊投资的风险

在"一带一路"倡议下,希腊作为中国进入欧洲的门户,中国政府、企业和居民对希腊的投资逐渐增加,因此,有必要注意防范投资风险,常见的汇率风险、操作风险、经营风险、文化冲突风险等在此不用赘述,针对希腊的特殊国情,我们尤其需要重视和防范以下风险,做好预案。

一、希腊主权债务危机

希腊主权债务危机影响到整个欧元区的稳定,在它爆发之初就蔓延到了欧洲其他国家,为了保护欧盟成员国利益以及欧元的稳定,欧盟对债台高筑的希腊开始拿出实际行动去帮助希腊缓和危机,希腊也开始实行紧缩政策:提高税收、减少福利、发行国债,着手进行私有化改革。希腊法律规定,希腊政府在破产后可以不用承担偿债义务。因此,虽然希腊经过救助以及自身痛苦的改革后,经济得到了一定缓解,评级回调至"B+",但是仍要防范经济再次衰退可能性。一旦希腊脱离欧元区,希腊经济可能会再次陷入衰退。

现如今希腊的局势并不稳定,债务危机带来的影响依然存在。其仍然处于国际救助阶段,对外部的依赖性较高,随时需要外部的审查来确定下一轮救助方案以及债权国对其做出的减债承诺,在"三驾马车"的强势入驻之下也就意味着在某些时候希腊的命运是不由自己掌控的,希腊会被迫接受一些条款。由于我国与希腊的利益联系在一起,那么不可否认的是我国对希腊的国际责任会被放大,从一定程度上来说,我国在对希腊的救助过程中,希腊在受到欧盟、国际货币组织等国际债权人的救助时,中国会被施加道德压力,需要付出更多的救助努力。

二、政治动荡

在我国对外投资中,政治动荡一直是最大的风险,政权更迭带来的政策变化,甚至撕毁合作协议,也并不罕见。近几年,欧洲的经济和社会环境并不乐观,困局使得希腊民众情绪越发趋向保守以及封闭,这是不利于企业的经营与投资的。出现危机以来,希腊民众对政府"无能"的愤怒指责渐渐转移到"三驾马车"之上,民众认为这是对希腊另一种形式的侵占,特别是在全民公决的结果被推翻后,希腊公民觉得自己无权参与如此重要的决定,已经丧失了民主权利,国外组织并没有帮助他们挽回经济颓势,正是因为它们的干预,希腊人民丧失了话语权。

随着这种不信任的加深,一种新的极端民族主义开始滋生,这也就解释了为何希腊民众会对外国投资者收购本国国有企业产生那么多的负面情绪,在中远集团收购比雷埃夫斯港之初就受到了希腊部分人士对中国投资的偏见。另外一个原因就是希腊人民对于私有化项目的抵触,因为公共资产私有化属于国家紧缩政策的一部分,而希腊人民深受其害。总之,经济衰退所产生的负面情绪往往会导致一国政治动荡,政权频繁更迭,社会矛盾丛生。

三、难民危机

2015年夏天,深受战乱、贫穷困扰的中东、非洲难民们铤而走险,一路颠沛流离、风餐露宿,前往心目中向往的欧洲,造成了欧洲难民危机。虽然欧盟努力解决这一问题,但难民从土耳其登陆希腊的局面难以被阻止,对希腊造成持续的压力,也严重影响到了希腊的社会稳定。难民潮不仅使希腊等国不堪重负,也将"不安定因素"输入希腊,给希腊等国家和地区安全带来很大的冲击。据联合国难民署和国际移民组织统计,2015年经由地中海和陆路前往欧洲寻求庇护的难民和移民总数超过100万，其中80%从土耳其出发经过爱琴海抵达希腊。

2015年，一些欧盟成员国和若干邻国批评希腊未能有效管控边界来防止难民涌入欧盟。2016年2月12日，欧盟成员国通过建议书，敦促希腊在三个月内采取措施加强外部边境管控。控制手段包括针对外来移民登记程序、海洋边境巡逻、边检、风险分析、人事调度和培训、设施建设和国际合作等领域采取措施。如果希腊未能按期解决这些问题，欧盟的其他申根区成员国将获准采取例外措施，在申根区之内实施最长可达两年的边界管制措施。欧盟现在已经考虑停止申根签证两年的可行性。2016年2月，北约应希腊、土耳其等国要求，陈兵爱琴海地区，旨在对爱琴海附近海域难民的行动展开监控，遏制人贩集团和恐怖分子的行动。难民危机不仅给希腊带来直接的社会动乱因素，还有可能引发其他社会矛盾。

四、恐怖主义

伴随难民潮的是恐怖分子借助巴尔干通道进入欧洲，开展了一系列杀伤性活动。2015年11月13日，在法国巴黎发生了震惊世界的"巴黎恐怖袭击"事件，造成了重大人员伤亡。当晚9时左右，法国巴黎第10区、11区以及法兰西体育场附近发生了至少6起枪击和3起爆炸事件，恐怖袭击造成至少197人死亡。法国时任总理奥朗德在对全国的讲话中称：巴黎遭到史无前例的恐怖袭击，全国进入紧急状态并关闭了法国所有边境口岸。这是法国自20世纪阿尔及利亚战争以来首次进入国家紧急状态。

大范围的人口流动以及难民的悲惨境遇，为恐怖主义思想的滋生和蔓延提供了温床，中东难民已经成为恐怖主义组织招募的主要对象。极端组织"伊斯兰国"的武装人员或恐怖分子可能混在偷渡船上进入希腊并借助希腊进入欧洲，他们一旦进入欧洲腹地（包括巴尔干半岛），就可能制造更大程度上的混乱。

五、极端思潮

近年来,欧洲政治极端化趋势增强,民族主义和极端思潮开始抬头。左翼和右翼民粹力量呈现增长的趋势。希腊激进左翼联盟在2015年1月的选举中获胜,其获胜的口号就是反紧缩、提高福利。除此之外,欧洲多个国家政治版图也受到左翼和右翼激进力量的蚕食。2010年上台的匈牙利青民盟以其鲜明的民族主义色彩引人瞩目。2015年4月的芬兰人民党、2015年6月的丹麦人民党、2015年10月的瑞士人民党以及波兰的法律与公正党表现抢眼,尤其是波兰的法律与公正党得以单独组阁执政。

左翼民粹政党反对社会分配不公和贫富分化,反对欧盟的紧缩政策。右翼民粹政党积极煽动民族排外主义情绪,限制移民,主张将新移民拒之门外。欧洲的经济和社会环境并不乐观,经济困局使得希腊等左翼国家表现出更多的反欧盟色彩,社会情绪日益保守和封闭。

第五节　希腊对外国投资的法规和政策[①]

2015年1月上台执政的希腊政府对原政府部门进行了较大的改组,现主管贸易的政府部门是由原几个部合并成的经济、基础设施、航运和旅游部,其中一位副部长和一位秘书长主管贸易,下设外贸总司,负责外贸方面的政府间往来,并依据欧盟法律法规对外贸进行宏观管理。另外,希腊外交部B总司(国际经济关系与发展合作总司)下属B5司负责与中南美洲、次撒哈拉非洲和亚洲国家的双边经贸关系,B8司负责与各国的商务发展。

[①] 中华人民共和国驻希腊共和国大使馆经济商务参赞处,参见:http://www.mofcom.gov.cn/article/i/dxfw/jlyd/201505/20150500979766.shtml. 2015年5月21日。

一、贸易法规体系

希腊是欧盟成员国，对外贸易政策由欧盟统一制定，成员国只能执行欧盟对外贸易政策或经欧盟授权实施贸易措施。希腊与欧盟其他成员国之间的货物服务自由流动，与欧盟外国家的贸易适用欧盟统一的贸易政策。《共同关税税则》规定了欧盟成员国对非欧盟国家贸易适用的关税税则。《欧洲共同体综合税则》（英文缩写 Taric）囊括欧盟正在实施的贸易措施，如优惠税率、关税配额、反倾销反补贴措施等，在互联网上公布，定期更新。除了欧盟相关法规之外，欧盟给予发展中国家单边税收减免（Generalized System of Preferences，GSP），并与部分国家签署了双边自由贸易协定（Free Trade Agreements，FTAs）。欧盟与上述协议所涉国家开展贸易依据协定条款执行。

（一）贸易管理的相关规定

希腊实行欧盟统一的关税税率和管理制度，按照欧盟《关于建立欧盟海关法典的第2913/92号规则》等有关规定实行欧盟共同贸易政策。

1. 进口管理

希腊执行欧盟《关于对进口实施共同原则的第（EC）3285/94号规则》和《关于对某些第三国实施共同进口原则的第（EC）519/94号规则》，对相关进口产品实行进口配额、进口许可和进口登记等措施。

（1）进口配额

按照欧盟的有关规定，希腊现对89项农产品实施关税配额制度。进口配额主要按照以下3种方式分配：将进口商划分为传统进口商和新进口商两部分，在配额分配时，优先考虑传统进口商；按申请先后次序分配，先来先领；按比例分配。以上3种分配方式根据欧盟的有关规定视具体情况选用。如以上方法均不适用，欧盟还可按规定程序采取特殊的管理措施。

（2）进口许可证

按欧盟的有关规定，希腊对数量限制产品、保障措施产品和进口监控产品实行进口许可管理，如对谷物、大米、牛肉、羊肉、牛奶及其制品、糖、加工水果和蔬菜、香蕉、植物油、种子、葡萄酒等实行进口许可制度。

（3）进口登记

目前，希腊按欧盟规定对产自中国的食品制剂、氯化铵、多元醇、柠檬酸、四环素及其衍生物、氯霉素、碱性燃料及其制剂、还原燃料及其制剂、烟花、聚乙烯醇、手套、鞋类、装饰瓷器、部分玻璃制品、含量低于99.99%未熔合锌，汽车用收音机、自行车、玩具、扑克牌和刷子等实行进口登记。

2. 出口限制

希腊实行欧盟《关于实施共同出口原则的第（EEC）2603/1969号规则》《关于文化产品出口的第（EEC）3911/1992号规则》《关于文化产品出口的第（EEC）3911/1992号规则》等，对少数产品实施出口管理措施。此外，希腊还执行欧盟对部分涉及核扩散和大规模杀伤性武器等领域的产品和技术的出口许可制度和最终用户监督制度。

（二）进出口商品检验检疫

欧盟对大多数产品制定有技术法规，未涵盖在其中的商品受成员国自行制定的技术法规管辖。对于电子电气产品、能源相关产品、通信设备、机械、玩具、医疗器械等，欧盟的进口检验主要依赖供应商的"一致性声明"。对于高风险产品，供应商需要在成员国授权的第三方机构进行"一致性评估"。

欧盟动植物产品检验检疫措施主要体现在一般食品法（178/2002号法规），以及与食品卫生相关的852/2004号、853/2004号和854/2004号法规中。欧盟成员国进口商只能从预先经过批准的国家和地区进口动植物以及相关产品。

根据欧盟要求，希腊对进口农产品包装标识和标记要求严格，进口农产品包装上须用英语或希腊语标明产地、生产商及其联络地址、电话、包装产品的详细描述及重量（或内包装数量及其单位重量）等内容。

希腊对种植类农产品卫生标准的政策制定、检查和执行部门是农业部种植类农产品加工标准化和质量控制司，希腊各海关均设有受该司管制的产品检验所，负责对进口农产品进行卫生检验和检疫。

希腊对畜产品卫生和检疫标准的政策制定、检查和执行部门是农业部动物健康标准司，该司对进口畜产品检验和检疫的程序与农产品检验近似。

（三）海关管理规章制度

希腊海关管理制度与欧盟保持统一，执行《共同体海关通则》及其实施条例。该法典阐明了欧盟国家与非欧盟国家之间贸易的规则和程序，规定了相关各方的权利与义务，囊括了进出口的基本问题，如关税、海关估价、商品分类、原产地规则、仓储、过境、加工等。

WTO数据显示，欧盟对盟外进口商品征收关税的平均税率为5.2%，其中非农产品平均税率3.9%，农产品平均税率13.8%。农产品关税整体较高，且多为非从价税，还包括季节性关税及进入价格系统（如产品价格超过一定金额则关税降低）。

二、对外国投资的市场准入规定

希腊主管国内投资和外国投资的政府部门是经济、基础设施、航运和旅游部及其下属的希腊企业局。经济、基础设施、航运和旅游部主要负责制定投资宏观政策，希腊企业局负责提供咨询、信息以及投资指导等具体事项。

根据希腊有关法律法规，非欧盟公民不得拥有边境地区的房地产；不能持有那些在边境地区投资房地产的公司股份；不能持有私人电台、电视台公司的股份；希腊还限制非欧盟公民在航空、航运以及采矿业这些领域的投资。

根据希腊投资局的信息，希腊政府鼓励外商投资的领域主要包括：（1）新能源，如太阳能、风能等；（2）新技术，如通信、网络、软件开发等；（3）旅游产业，如酒店业、旅游配套设施等；（4）农副产品加工；（5）节能、环保项目；（6）道路、交通、停车场等物流基础设施；（7）生命科学和制药业；（8）对落后地区的投资。

第十一章　中国对希腊的投资

希腊对外商投资的方式方法没有特别的规定，外国自然人和外国公司并购当地企业或是并购上市公司适用与当地企业相同的法律法规。

自2015年1月左联上台成为执政党后，新政府暂时叫停了原政府对大型国有企业的私有化进程，包括部分中资企业参与的投标项目目前都处于等待状态，未来政策尚不明确。4月20日，生产重建、环境和能源部部长拉法扎尼斯对媒体称，欢迎中国企业参与伊奥尼亚海和南部克里特岛海域的深海油气勘探项目第二轮竞标。但目前竞标具体工作尚未开展。

希腊有两个法律框架适用于通过特许权招标进行的公共工程建设。第3669/2008号法适用于大型基础设施项目的特许经营；第3389/2005号是关于公私合营项目的法律框架，适用于满足特定要求且预算低于5亿欧元的项目。

已实施的以BOT方式开展的大型基础设施项目包括：（1）里昂-安蒂里昂（Rion-Antirion）大吊桥，建成于2004年。作为特许经营权获得者，Gefyra公司在42年的特许经营期内，负责大桥的设计、建设、融资、维护和运营。法国公司Vinci是该公司的主要股东。（2）雅典（Attiki）公路，全部建成于2004年，作为特许经营权获得者，Attiki Odos公司与希腊政府签订了特许经营合同，承担公路的设计、建设、融资、运营和维护。该公司股东主要为希腊公司。（3）雅典国际机场，于2001年3月开始运营，成立于1996年的雅典国际机场公司（AIA）为公私合营公司，与希腊政府签署了30年的特许经营权协议，负责机场的"设计、融资、建设、完善、试运营、维护、运营、管理和发展"。希腊政府持有该公司55%的股份，私人股东共同持有剩余45%的股份，其中德国豪赫蒂夫机场投资有限公司持有13.33%的股份、加拿大PSP投资公司持有26.67%（于2013年5月从豪赫蒂夫机场投资有限公司购得）。

中远比雷埃夫斯码头公司租用和建成的比雷埃夫斯港2号、3号码头项目是中资企业在希腊开展的唯一的最大的BOT项目，也是中国在欧洲取得的第一个全资的大型集装箱码头特许经营权项目。2008年，中远集团与希腊比雷埃夫斯港务局签订了相关协议。其中2号码头为租用，3号码头为自建，该项目总的工程、设备投资额为5.53亿欧元，营运期35年，期满后将项目完整地交还给希腊政府。目前，该项目取得了非常好的经济和社会效益，成为中国和希腊合作的典范项目。截至2014年，希腊已签订协议的PPP项目共七项，总金额4.65亿欧元，正在商谈的项目有五项。这些项目主要集中在环保、能源、城市发展、旅游、信息技术和交通方面。私营合作方主要是希腊本地公司。

三、关于企业税收的规定

（一）税收体系和制度

希腊实行的是属地税制，中央和地方两级课税制度，税收立法权和征收权集中在中央。希腊税种主要分为三类：

（1）收入所得税，主要为公司所得税和个人所得税；

（2）房产/资产税，包括遗产税、房地产持有税等；

（3）流转或消费税，包括增值税、房地产交易税、奢侈品消费税、烟酒特别税、印花税等。

根据公司种类划分，股份有限公司、有限责任公司和外国公司在希腊分支机构须于财务年度结束后5个月零10天内递交纳税申报单；普通合伙企业和有限合伙企业须于每年4月1日前递交纳税申报单，如果采用复式记账则于财务年度结束后的三个半月内递交纳税申报单。

除缴纳公司所得税外，企业还需交纳当年税收的一部分作为下一年预缴税，股份有限公司、有限责任公司和外国公司在希腊分支机构预缴比例为80%，普通合伙企业和有限合伙企业预缴比例为55%。

公司所得税及预缴税通过8个月分期付款完成，第一笔与纳税申报单同时递交，余下7笔在之后7个月每月最后一个工作日缴纳。

（二）主要税赋和税率

1. 企业所得税

无论组织形式或者利润来源，希腊企业必须根据利润缴纳公司税。外国企业在希腊设立的分公司、子公司或其他"永久性存在"也须缴纳公司税。对于2011年8月1日以后结束的财年，税率为分红前利润的20%，分红保留税率为25%。外国公司向总部转移利润视同分红保留。

2. 个人所得税

个人所得税实行累进税率。外国居民的征税基础为来自希腊的收入，按照累进税率缴税，12 000欧元以下部分的税率为5%。

3. 增值税

增值税由商品和服务的最终消费者承担。自2010年7月1日起，希腊增值税的基本税率为23%，但部分生活必需品如食品、交通、电力、天然气、房屋维修等增值税税率为13%；报纸、期刊、书籍、演出门票、药品和宾馆住宿的增值税税率为6.5%。针对佐泽卡尼索斯群岛及爱琴海诸岛居民，无论是其提供或享受相关商品与服务，增值税减少30%。原政府财政部部长2014年8月宣布，希腊将于2015年推出统一的增值税税率，目前新政府尚未公布其新政策。

4. 印花税

希腊印花税现仅适用于少数交易场合，并以具体交易金额为基准缴纳。具体为：不动产租赁3.6%；商业借贷2.4%；私人借贷2.4%～3.6%。

5. 消费税

希腊对一些从其他欧盟国家进口及自产的产品征收消费税，这些产品包括酒类、烟草、燃油等。

6. 不动产交易税

希腊不动产交易税是在转让不动产时征收，以最高合同额或是不动产价值作为征税基础。前15 000欧元是以7%税率征收，剩余金额是以9%税率征收。如不动产周边有消防设施，则以上税率上升至9%和11%，同时当地政府也将对不动产交易征收3%的税收。

四、对外国投资的优惠政策

(一)优惠政策框架

按《投资促进法》(第3908/2011号)的规定,在希腊投资可根据投资地区和投资行业的不同获得投资补助、租赁补助、工资补助和税收减免等优惠政策。此后修订的《投资促进法》(第4146/2013号)进一步加强了对战略性投资和私人投资的激励。

(二)行业鼓励政策

希腊《投资促进法》将鼓励类行业分为两类,不同类行业在不同地区享受不同的优惠政策,具体为:

【类别一】包括以下8种情况:

(1)网络、通信、软件开发、高科技服务、实验室;

(2)停车场等交通基础设施建设、岛屿与边远地区的交通;

(3)二星级以上酒店、会议中心、滑雪场、高尔夫球场、疗养中心、运动中心和游艇等旅游设施建设;

(4)物流服务、合资商业中心和物流中心;

(5)清洁能源发电、新能源开发与利用、环保和节能项目;

(6)从阿提卡、塞萨洛尼基和哈尼亚地区迁到工业园区的皮革制造业;

(7)为提高产品品质而引进的技术和设备;

(8)一些投资周期长达2~5年的产业,如为提升国际竞争力、推动和生产名牌产品以及将生产和研发移至希腊等的投资。

【类别二】包括以下5种情况:

(1)工业初级品加工;

(2)农产品加工、农业机械采购和发展现代农业;

(3)采矿和大理石加工;

(4)热能开发、生物燃料、液体燃料和液化气的储运;

(5)扩建三星级以上酒店、投资主题公园、为发展旅游业而建设的高速路、艺术品和手工艺品中心等。

(三) 特殊经济区域的规定

2011年10月,欧盟曾表示,将与希腊政府讨论建立经济特区的问题,以改善希腊商业环境。目前希腊还没有设立经济特区,设有工业园区和保税区。

1. 工业园区

希腊ETVA工业园区公司负责开发和管理希腊所有的工业园区。该公司成立于2003年,比雷埃夫斯银行和希腊政府各持有其65%与35%的股份。目前该公司管理着希腊26个工业园区,这些园区大约有2 300家企业,4万多名雇员,尚未有中国企业进驻。

2. 保税区

希腊有3个保税区,位于比雷埃夫斯、塞萨洛尼基和伊拉克利翁的港口地区,根据欧盟法规2504/88和2562/90进行装卸作业。转口货物也可储存在保税自由贸易区内。区内可进行再包装、分类和贴标签等作业。塞萨洛尼基保税区内有小块区域可进行组装与加工。货物储存在空间上有限制,在时间上没有限制,每6个月交1次仓库保管费。

PROCOM保税区位于希腊北部塞雷州的普罗马霍诺斯(保加利亚边界附近),到巴尔干国家各大城市的平均车程不到2.5小时,距离希腊北部第二大城市塞萨洛尼基港120千米。PROCOM保税区交通便捷,铁路、公路、海运、航空四通八达。该保税区拥有土地超过70万平方米,内有货运、仓储、商业中心及配套设施,可进行商品仓储、转运、零售和批发,也可开展商品展示和各种商务活动,是目前希腊最大的物流中心。已有来自摩尔多瓦、保加利亚、乌克兰、俄罗斯、马其顿、阿尔巴尼亚、黑山、德国、捷克、奥地利等国家的多家企业进驻该保税区。希腊政府对该保税区的鼓励政策为:货物在保税仓库内存放或再组装等免交关税及增值税;对新投资项目给予30%的补贴,投资10年内如未分配利润,税收可减免。

位于希腊西海岸的阿斯塔科斯港口保税工业园是希腊具有保税功能的港口工业园。希腊西海岸靠近苏伊士-直布罗陀这一国际主要海洋运输通道,是南欧"欧盟-希腊-东欧"这一轴线的交通枢纽。阿斯塔科斯毗邻帕特雷湾，北距西希腊埃托利亚-阿卡纳尼亚州阿斯塔科斯市7千米，拥有深水良港以及所依托的四通八达的内陆交通网，供水、排污、通信等基础设施完善，使其有能力面对地中海任何港口的竞争。占地面积总计166万平方米，其中港口面积大约为40万平方米。根据港口工业园的特点，比较适合在此经营的商业活动有：海运、仓储、原材料的加工及终极产品的生产。根据希腊有关法律规定，在该港口保税工业园内建立的公司将享受以下优惠条件：（1）免征进口关税和其他有关税费，且无进口数量限制及其他类似的贸易限制措施，企业免税经营。（2）与在园外建厂相比，可享受较优惠的建厂条件。（3）在该保税工业园设立的公司将享受其投资额30%的政府补贴，并在前5年内免征税收。

五、劳动就业的规定

希腊对劳工权益保护有详细的法律规定，具体内容如下：

1. 解聘

希腊雇主在事先通知和给予补偿的情况下解雇员工。如没有事先通知，则被解雇员工可获得双倍补偿。工作年限满1年以上10年以内的可获得1~5个月工资补偿；工作年限满10年可获得6个月工资补偿；工作年限超过10年的，每增加一年可多获得一个月工资补偿。在希腊，被解雇员工可获得最高补偿金为其24个月工资。有20~150名员工的公司每月解雇人数最多为6人；150名以上员工的公司每月可解雇员工5%，但不能超过30人。

2. 工作时间

希腊《劳动法》规定员工一周工作时间不超过40小时，如工作时限超出40小时，员工可根据法律规定依法获得相应补偿。

3. 休假

每周工作5天的员工连续工作在10个月以上就可享有20个工作日的休假，以后每两年休假天数可增加1天直至22天；如为一个雇主工作满10年或是总工作年数超过12年，则其年休假天数可达25天（以工作日记）。雇员工作满25年，则其年休假天数可达26天。每周工作6天的员工第一年的休假期是24个工作日,以后每两年其休假天数可增加1天直至26天;如为一个雇主工作满10年或是总工作年数超过12年,则其年休假天数可达30天(以工作日记)。同时雇主在复活节和夏季假期时要给员工发放相当于半个月工资的奖金,在圣诞节时要给员工多发一个月薪水。

4. 职工社会保险

希腊雇主与员工共同承担员工的社会保险费用,具体保险类别和承担比例如下:欧盟公民只需取得居留许可即可在希腊工作。具体程序为:入境希腊后的3个月内向居住地的警察局申请居留许可,经批准可在希腊居留5年,5年届满后可经申请自动延续。

非欧盟公民要在希腊工作,则须在入境前就申请居留许可和工作许可,以上许可须经希腊内政与公共秩序部的审批,程序极为复杂,特别是技术含量低的外国劳工很难获得许可。

希腊现有外来移民120万,占希腊劳动力总量的20%左右,其中从事简单体力劳动者占37.7%,从事技术工种的占35.4%。从行业分布来看,约有30%的外来移民从事建筑业,20%的人从事家政工作,另有12.8%的人从事制造业。外来移民已成为希腊劳动力供应的重要来源。

六、土地法律规定

希腊并没有专门的《土地法》,根据购买土地的不同性质,需要向不同的部门提交申请;希腊土地为私有,外资企业可以在希腊获得土地,享有对土地的所有权。但是希腊对边境地区土地购买有严格的规定,因手续极其烦琐,非欧盟公民很难购置到边境地区土地。

外资企业在希腊获得土地的程序为:

(1)在当地税务局申请获得希腊税号。

(2)在有资质的地政局/土地所有权办公室查核所购土地的所有权情况,然后根据欲购土地的不同性质向有关部门提出申请(如城市规划部门、森林监督部门和古迹管理部门等)。

(3)签订预售/预购合同(非强制,但在预付订金的情况下推荐这种做法)。

(4)在签订最终销售/购买合同之前,支付购置税和最低律师费。

(5)在公证机构签订最终销售/购买合同或公证书,买方与卖方必须同时到场(如委托他人代签,必须出具委托书)。当地产价值超过4.4万欧元时,双方都必须由律师出面签署(所需律师费由当地律师协会视地产价值而定)。

(6)在公证机构签署公证书时,买方和卖方通常直接商定购买价格。很少有第三方代理的合同。在买方有能力购买地产的情况下,签订最终合同。

(7)在有资质的地政局/土地所有权办公室登记公证书(一旦公证书登记在买方名下,地产所有权即转移至买方)。

(8)公证费和土地登记费通常为售价的组成部分,由买方支付。

七、环境保护法律规定

希腊政府主管环境保护的部门是生产重建、环境和能源部,下设一位副部长主管环保工作,其主要职责是:制定战略规划与法律法规,以保护自然环境与资源,提高人民生活质量,缓解和适应气候变化带来的影响,完善环境治理机制与机构。此外,希腊各地共有约30家环境保护和管理单位。

希腊基础环保法律法规包括:《环境保护法案》(1986年)、《第4042/2012号环境保护法》、《第3983/2011号海洋环境保护和管理法》、《第3937/2011号生物多样性保护法》以及《欧盟指令92/43/EEC》、《野生动植物自然栖息地保护规定》。涉及投资环境影响评价的法规包括:《第1327/1983号大气污染治理法》《第3199/9-12-2003号水资源保护法》《第JMD50910/2727/2003号规定固体废物处理条例》《第2742/99号规定海岸线保护法》《第2939/2001号规定包装及包装材料管理法》等,以及欧盟关于环境保护的相关指令。

根据希腊《环境保护法》,经营主体投资新项目必须事先经过希腊生产重建、环境和能源部以及经济、基础设施、航运和旅游部等部门的环境评估,这是经营主体取得开工许可的先决条件之一。根据大气污染方面的法律，各经营主体须选择在安全范围内生产，同时要应用防大气污染技术，符合排放标准等。根据希腊《水资源保护法》，各经营主体排污有法定的最高上限要求，超出上限标准则要加倍征收排污费。经营主体应根据希腊固体废物处理条例解决好废油、废旧电池、报废车、报废电子电器设备、建筑废料等处理问题。2012年4月，希腊 Nomiki Biblothiki 出版集团、希腊发展和竞争力及希腊投资局联合出版了《希腊法律摘要：投资希腊法律大全》一书，上述法律的相关规定均可在其网站[①]上获得。

八、保护知识产权的规定

希腊涉及保护知识产权和工业产权的法规包括《专业法》《商标法》《版权法》。《专利法》规定，专利保护期为二十年，从提交专利申请时起算。延期的，商标权人可延续使用商标。《版权法》规定，版权保护范围包括文学、科学、音乐、戏曲、绘画、建筑设计图纸、雕塑等。著作权保护期限包括作者生前以及作者死后七十年。希腊法律规定，违反知识产权保护法律法规的行为，受法律制裁。

---

① 参见：www.greeklawdigest.gr./sectors/environment.

第十二章　案例：中远集团收购比雷埃夫斯港

2013年9月和10月，习近平主席先后提出共建"丝绸之路经济带""21世纪海上丝绸之路"的重大倡议。"一带一路"倡议坚持共商、共建、共享的合作原则，传承和平合作、开放包容、互学互鉴、互利共赢的"丝路精神"，这是促进共同发展、实现共同繁荣的合作共赢之路，是增进理解信任、加强全方位交流的和平友谊之路。这一理念和精神在中远集团收购希腊比雷埃夫斯港的过程中得到了充分体现，中国和希腊在"一带一路"倡议框架下的合作是双赢的——中远集团获得了地理位置独特的希腊比雷埃夫斯港；希腊政府不仅获得了急需的资金和外国直接投资，而且赢得了中国政府的友谊。

第一节　收购比雷埃夫斯港回顾

2016年4月8号，中远集团和希腊共和国发展基金正式签署了比雷埃夫斯港口管理局股权的转让协议和股东协议，以总计3.685亿欧元的价格收购比雷埃夫斯港67%的股权：中远集团将首先交付2.805亿欧元收购比雷埃夫斯港51%的股权，五年后以8 800万欧元收购剩余16%股权。除此之外，在未来5~7年，中远集团还将进行总额达2.938亿欧元的强制投资，以扩建邮轮码头、改善修船码头等。至此，前后持续约10年的中远集团收购比雷埃夫斯港事件画上了圆满的句号。

第十二章 案例：中远集团收购比雷埃夫斯港

一、收购背景

早在2006年，为了缓解政府的财政压力，希腊政府就开始尝试私有化，但进展较为缓慢。美国次贷危机和希腊主权债务危机的接连爆发，严重打击了希腊国内经济，尤其是具有强周期属性的旅游产业和航运产业。因此，为了筹集资金，希腊政府加快了私有化方案的实施步伐，其中就包括公共资产私有化，基础设施的特属经营以及变卖大量公共资产和政府持股等。作为希腊政府私有化的重点项目，比雷埃夫斯港这个希腊第一大集装箱码头就成了吸引国际投资者目光的优质资产。

与此同时，中国政府一直在鼓励企业"走出去"，其目的是支持中国企业在国外投资并提供重要的支持国家间进一步合作的框架，所以"走出去"战略有助于中国企业利用外汇储备开始收购外国公司，从而加速海外扩张。中国远洋运输（集团）公司，是中国最大的航运企业，中国中央政府直管的特大型国有企业，全球最大的海洋运输公司之一，2012年在《财富》世界五百强企业中排名第三百八十四位。作为中国海运的龙头企业，中远集团拥有强大的实力去进行大型海外投资活动，也承担起了实施"走出去"战略的责任。

比雷埃夫斯港作为希腊第一大港口和地中海地区第二大港口，位于希腊雅典西南约10千米处，航运繁忙，是希腊主要进出口中心，比雷埃夫斯港年平均140万标箱的吞吐量使其毋庸置疑地成为驶向黑海、地中海，沟通欧洲、非洲和亚洲的枢纽，是全球五十大集装箱港以及地中海东部地区最大的集装箱港口之一，在全球物流链上独具战略地位。中远集团的业务多元化发展战略赋予其广阔的发展空间，"走出去"战略不仅仅是传统海运商船的远航，走向陆地、拓展码头业务也成为中远集团近些年来支撑主业的重要效益来源。在这样的大战略指引下，中远集团发挥航运企业独特的国际化视野，寻找欧洲合作机会，最后把"棋子"下在了欧洲地中海核心地带的希腊比雷埃夫斯码头,可谓独具慧眼。不但可以借此推进中国企业"走出去"的国家战略,还能完成中远全球码头网络的整体布局,为中远提供长期的现金流和投资回报,可谓一举两得。

二、艰难开端

2006年,希腊政府启动私有化进程,比雷埃夫斯港口集装箱码头的私有化项目立即引起了中远集团的密切关注,并针对该项目做了精心的准备,寻求与希腊政府接触的机会。2008年1月,希腊港口私有化项目才正式启动,开始对外招标。2008年6月12日,以时任总裁魏家福为组长的中远集团商务团成功结束了长达一年的谈判,以43亿欧元成功中标,拿下了希腊比雷埃夫斯港2号、3号集装箱码头为期35年的特许经营权,由此成立了中远比雷埃夫斯港集装箱码头公司。2008年11月25日,中希两国在雅典签署了一系列合作协议。其中《比雷埃夫斯港集装箱码头特许经营权转让协议》引人注目,该协议由中国中远集团与希腊比雷埃夫斯港务局签署。从那时起,中远集团总公司就对比雷埃夫斯港投入资金,并表示,此次特许经营权包括利用、改造2号码头,兴建、运营3号码头。

三、曲折谈判

2014年,希腊政府在国际紧急援助的交易中同意把港口出售给包括中远集团在内的五家竞标者。2015年1月12日,中远集团向希腊方面提交了有约束力的收购要约,希望以约7亿欧元(约合51.58亿元人民币)的总报价获得比雷埃夫斯码头67%的股权。据《华尔街日报》2014年12月17日的报道,中远洋集团、荷兰集货箱码头营运商APM Terminals及菲律宾国际货柜码头服务公司(ICTS)均参与了比雷埃夫斯的私有化竞标,约束力竞标提交于2015年12月21日截止。

但是2015年1月,齐普拉斯内阁上台后,宣布任命"反紧缩内阁",并一度停止了出售比雷埃夫斯港67%股权的计划,向外界发出其不顾欧元区及金融市场的警告,反悔其所做承诺的信号。该港口曾被视为希腊最成功的私有化案例,其多数股权原本将出售给中国企业,但新政府称将根据希腊人民利益重新审核同中远集团的交易。当时,希腊政府在国企私有化方面的进展并不尽如人意。按照雅典的既定目标,应当通过出售国有资产回拢500亿欧元的资金。但是这个目标远未达成,希腊媒体报道称,至多只有30亿欧元流入了国库。与此同时,工人们担心比雷埃夫斯港并购后会失去工作,或者原本的福利待遇会降低,于是希腊码头工人联合起来以群体罢工的方式抗议私有化方案。虽然希腊政府公开声明表示此次并购案只是借出并非卖出,而且会为国家带来丰厚的利润,但是依然给当时的并购谈判的进行带来了不小的麻烦。

2015年1月27日,中希总理通电话。在这次交谈中,齐普拉斯承诺对这个两国都重视的项目给予更多的支持,并称正处在重振和发展经济阶段的希腊需要中国的支持与帮助。希腊愿意与中国扩大航运、基础设施建设与金融领域等方面的合作。2015年2月16日,海军第十八批护航编队2月16日上午抵达希腊比雷埃夫斯港,开始为期4天的正式友好访问。这是中国海军舰艇编队第三次访问希腊,此前曾于2002年、2010年两次访希。

由于国际货币基金组织以及欧盟方面都将国有资产私有化方案作为第三轮财政支持的条件,齐普拉斯政府在巨大压力下不得不继续推行国企私有化,而比雷埃夫斯港私有化进程也是希腊政府向欧盟承诺的第二个大型私有化项目。2015年7月,搁置已久的中远集团收购比雷埃夫斯港项目得以重新启动。

四、成功并购

由于长时间的推迟,美国港口集团(Ports America)和英国的Utilico Emerging Markets相继退出了竞标,由原先的五个竞标者最终确认为三家。希腊政府的招标方案也随之进行了改动。和之前的招标方案相比，重启后的出售方案在细节方面有所不同，主要是在所售股份的占比上与取得方式上出现了变动，港口所售股份由原先敲定的67%变更为51%，而剩下的16%只有在投资者满足一定条件的情况下才能得到。

希腊政府最终决定，将该国最大港口比雷埃夫斯港的67%股权售予中远集团。2016年4月8号，签约仪式在希腊总理府举行，在希腊总理齐普拉斯的见证下，中远集团和希腊共和国发展基金正式签署了比雷埃夫斯港口管理局股权的转让协议和股东协议，购买比雷埃夫斯港口管理局多数股权。根据该协议，中远集团以3.685亿欧元的价格收购比雷埃夫斯港管理局67%的股权，而出面收购比雷埃夫斯港港务局股权的公司从中远太平洋改成了中远香港（集团）公司。

第二节　收购比雷埃夫斯港的意义

收购比雷埃夫斯港是中远集团成立之后的首个海外收购项目，是中远集团多年来实施海外发展战略取得成功的具体体现，是中国企业"走出去"的经典案例，也是中国企业响应国家"一带一路"倡议的标志性案例，虽然过程反复、代价巨大，但仍然具有重要的意义。

一、比雷埃夫斯港是欧洲重要的港口资源

商业港口，一般而言指的是将内陆货物或旅客运向海外，以及帮助船舶起卸货物或上下旅客的交汇地和中转站。这类港口往往成为水陆交通枢纽以及工、农产品的集散地和加工工业中心。为什么要投资港口呢？通常原因是其具有的两个特点：首先港口一般拥有人口密集、经济发展较好的腹地，以及连通港口的铁路、公路或内河，可以为港口提供经济支持与客货运量。其次港口会装备专门用于货物装卸和搬运的设置，贮备货物的仓库和货场，以及提供旅客服务的客运码

头。希腊最重要的优势在于其优越的地理位置，它连通了三大洲。比雷埃夫斯港作为希腊国有资产中的"抢手货"，在地中海港口中属于兵家必争之地，有其独特优势。中国到地中海的海运线路必将更加繁忙，该港毗邻苏伊士运河，能通过地中海前往大西洋、通过马尔马拉比海去往黑海，来连接巴尔干半岛南欧地区、黑海地区与西欧和中东欧地区，也被视为亚洲向欧洲出口货物的理想转运中心，拥有巨大的发展潜力。

在这里，中国可以有效利用其巨大规模以及中心位置，使货物避免单一的运输路线，运往中东与欧洲的物品通过新的航路既可以节省运输时间，也节约了运输成本。比雷埃夫斯港已实现全部无线网覆盖，更能提高作业效率。此外，2012年希腊新铁路建设已经完成，于是它的交通运输更加完善，也进一步扩大贸易规模，比雷埃夫斯港的战略地位得到了充分的诠释。

二、比雷埃夫斯港将成为东南欧客物流中心

中远集团将在阿提卡特别经济区设立物流中心，建立特别税制和中国商品装配线，这些商品将印有"欧洲制造"或"欧洲组装"的标志，从中国引进的商品将享受优惠关税。如果成功签订阿提卡地区组装中国产品的协议，中国科技企业就能够快速将产品投入西欧市场，极大降低库存和运输成本。对于中国大型企业而言，在希腊组装产品每年将收获数百万欧元的利益。除了现在入驻的惠普、中兴、华为、百度、阿里巴巴、腾讯（后三者合称为BAT）等公司外，其他跨国企业也选择比雷埃夫斯港作为进入欧洲的关口，因为这里是距离亚洲最近的大型欧洲港口。

中远集团将投资2亿欧元用于升级和扩展比雷埃夫斯港，使其拥有每年可容300万游客的能力，相比2015年生产力翻倍。众所周知，旅游业一直是希腊经济的重要来源之一，扩大比雷埃夫斯港的游客容量直接促进了希腊旅游业的发展，对希腊经济的益处不言而喻。中远

集团将在当地建立奢华酒店及复合式会展中心，用来吸引游客与投资者。因此，此次中远集团的投资将不仅仅只在比雷埃夫斯港进行投资，而是将眼光扩展到多个相关的投资项目，每一项投资都为其他投资增添价值，环环相扣，最终为中国在欧洲奠定稳固的商业基础。

在比雷埃夫斯港造船工业的发展过程中，非常重要的一点就是建造大型的浮动船坞，用于管理各种大型船舶。中远集团的愿望是打造地中海地区最大的船舶维修基地。为此中远打算对停靠在欧洲水域或中国船厂制造的船舶提供修理业务，目的在于运用营销手段吸引希腊和其他国家的船主将船只送到比雷埃夫斯港修理。希腊造船厂还拥有高素质的专业修理人才，这也不乏是一个好的吸引船客的条件。另外，中远集团还计划让比雷埃夫斯港作为汽车终端，拥有每天储存2万辆汽车的能力，一举成为地中海东部地区最大的汽车运输终端。

三、比雷埃夫斯港将成为"中欧陆海快线"节点

匈塞铁路、中欧陆海快线、三海（亚德里亚海、黑海、波罗的海）港区合作是"16+1合作"布局中东欧乃至欧洲的一系列重要工程。截至目前，海上通道仍是中欧之间贸易往来的主要通道，作为中欧贸易的重要连接点、联运的枢纽港，以此为基础，通过修建匈塞铁路进一步将贸易扩展至欧洲内陆，逐步打造中欧陆海快线。早在2014年年底，中国曾表示将同塞尔维亚、匈牙利和马其顿共同打造中欧陆海快线。该路线北至匈牙利布达佩斯，中途经过马其顿斯科普里和塞尔维亚贝尔格莱德，建成后将成为中国和欧洲进行商品贸易往来的一条新的便捷航线[1]。

中欧陆海快线是一条创新型大通道，因为它实现了海陆间的联运，它会通过海陆联运实现中欧贸易的彻底贯通，降低了运输和物流成本，丰富了中欧贸易运输路线的选择。海运集装箱船的货物抵达希

---

① 刘作奎：《收购希腊比港对"一带一路"建设的重要意义及风险预估》，《当代世界》2016年第4期，第46~49页。

腊雅典东南部的比雷埃夫斯港后，可以马上通过匈塞铁路抵达奥地利、捷克、波兰等中欧国家，这条中欧陆海快线使中国的货物抵达欧洲海运时间缩短7~11天，可以整合整个地中海、黑海地区的港口资源，也为客户节省可观的运输时间和现金成本。

中远集团收购比雷埃夫斯港，就掌握了中欧陆海快线的交汇点。比雷埃夫斯港是距离苏伊士运河最近的西方港口，中远集团已经把它用作中国集装箱船从亚洲向欧洲出口的转运枢纽。现在世界上一共有三大横贯亚欧的贸易通道：一条是传统的经过中国南海、印度洋、阿拉伯海、红海出苏伊士运河，横贯地中海到达荷兰的鹿特丹港和德国的汉堡港；第二条是近几年在"一带一路"建设中提出来的，从中国的中部和东部出发的货运班列经过俄罗斯、中亚、东欧到达欧洲的奥地利和德国；第三条就是中欧陆海快线。

总而言之，在中国的"一带一路"倡议下，中欧双方的对接存在一个实实在在的契机，可以进一步推动双方的大项目合作。最后，中欧陆海快线建设也将成为推进与第三方合作的成功典范，推动了"16+1合作"在欧洲更好的布局。"16+1合作"积极推进同希腊等国的第三方合作，打造了中国和中东欧国家合作的新亮点。以此为契机，"16+1合作"将在推进中欧互联互通方面扩展更大范围的第三方合作，让德国、法国等凭借其先进技术共同参与进来，打造中欧合作更多的新通道。

四、拉动中国企业对希腊的直接投资

中远集团收购比雷埃夫斯港是中国企业对希腊进行的一次直接投资，这次投资带来的最明显的效益就是刺激希腊物流业和旅游业的发展，并通过这些产业的增长间接带动其他基础设施产业，最终将提高国民收入水平，而这些又将带动新一轮的经济建设。这种良性的循环对饱受主权债务危机所累的希腊而言，不啻是一剂良药。毕竟国际救助只是治标不治本，不能从根本上带动经济发展，所以，获得直接投资并积极进行经济改革才是度过此次债务危机的出路。

经济工业研究基金会的研究表明，比雷埃夫斯港的私有化在中期将每年为希腊经济创造近40亿欧元的价值。如果加强交通基础建设和修船业的发展，那对其他各行业的影响也会随之增加，出现乘数效应，预计在2025年产能总价值将达到40亿欧元。它不仅使希腊港口附近的基础设施得到完善，比雷埃夫斯港的规模也在逐渐扩大、定位也更加明确，成功提升了比雷埃夫斯港在国际航运竞争市场的竞争力与重要性。

中远集团收购比雷埃夫斯港是中国企业对希腊投资的标杆，其双赢的结果也给希腊吸引来更多的外资。更多的中国企业也试着开始对希腊进行直接投资，中国与希腊已签署了多项协议，两国努力扩大交易范围与交易额水平。相信随着中国企业的不断投资，希腊投资环境将会更好，经济基础设施会进一步完善，希腊对投资者更具吸引力。

五、加深中希双方的文化交流

大型投资项目的成功，离不开舆论的引导，所以双方不仅需要在经济方面展开频繁的商业活动，还需要在文化教育等领域进行合作。在文化方面，中远集团通过和政府合作，成功将比雷埃夫斯港的海岸开发为一个文化主题公园。整个公园包含两大部分：第一部分包括一个博物馆小区，一个小型主题公园，一个艺术展览小区以及可供自由活动的广场区域；第二部分包含一个集艺术、教育和休息为一体的休闲中心。这一项目将完全改变比雷埃夫斯港的全貌，涉及土地超过198亩（1亩约为0.067公顷），成本为8 000万欧元，这也是中远集团对比雷埃夫斯港的文化建设成果。作为中希两国友谊名片，中远集团也正在努力串起一条中国与欧洲贸易往来和人文交流的海上珍珠链。

总之，此次并购案的成功，推动了中国与欧洲的互联互通，加强

第十二章 案例:中远集团收购比雷埃夫斯港

了中国与沿线国家的交流,在一定意义上实现了多赢,对中欧关系、中希关系来说是一次值得纪念、影响深远的事件,是中国企业参与"一带一路"建设的典范案例,带动了中国企业"走出去"在希腊的直接投资。

参考文献

[1] ALLEN KATIE. Austerity in Greece caused more than 500 male suicides. The Guardian, 2014-4-21.

[2] GIDEON RACHMAN. Greece threatens more than the euro. Financial Times, 2010: 11.

[3] KOURETAS GEORGIOS P, VLAMIS PRODROMOS. The Greek crisis: Causes and Implications. Panoeconomicus, 2010, 57(4): 391-404.

[4] LOUIS T. WELL. Third World Multinationals: the Rise of Foreign Investment form Developing Countries. Cambridge: The MIT Press, 1983.

[5] MOURMOURIS JC. Greece's Horizons. Berlin: Springer Berlin Heidelberg, 2013.

[6] STAMOULI NEKTARIA, BOURAS STELIOS. Greek Government Passes New Property Tax Legislation. The Wall Street Journal, 2013-12-21.

[7] 约翰·科里奥普罗斯,萨诺斯·维莱米斯. 希腊的现代进程——1821年至今. 郭云艳,译. 上海：上海人民出版社,2008.

[8] 王义桅. "一带一路"机遇与挑战. 北京：人民出版社,2015.

[9] 王义桅. 世界是通的："一带一路"的逻辑. 北京：商务印书馆,2016.

[10] 马凤春. 世界知识年鉴(2015/2016). 北京：世界知识出版社，2016.

[11] 博智能,秦瑶. 希腊债务危机特点及对世界经济影响研究. 企业导报,2016(7)：186.

[12] 蔡敬伟. 希腊船东银行融资情况分析. 船舶物资与市场,2011(4)：13-16.

[13] 陈芬. 希腊的投资机会. 中国经济信息,2016(23)：32-33.

[14] 陈继,成克明,于静,等. 赴希腊油橄榄考察报告. 甘肃科技,2001,17(5)：2-3.

[15] 陈芬. 希腊：与中国携手向前. 中国经济信息,2015(23)：46-47.

[16] 蔡玉梅. 做足功课应对希腊"脱欧"风险. 金融经济,2012(7)：10-12.

[17] 程希. 国际货币基金组织在欧债危机中的作用和对国家主权的影响——以对希腊的贷款救助为视角. 上海：上海交通大学,2014.

[18] 丁纯. 希腊经济曙光再现,喜忧参半. 人民论坛,2016(4)：32-33.

[19] 戴启秀. 希腊危机背景下欧盟金融监管制度建设及配套措施. 德国研究,2010(3)：4-10.

[20] 郭晔旻. 从冷战前线到欧洲边缘 希腊：被拖进富人俱乐部的"矮矬穷". 国家人文历史,2015(17)：16-21.

[21] 郭明非. 欧债危机下希腊财政可持续性及偿债能力研究. 北京：对外经济贸易大学,2013.

[22] 海尔,李雨蒙. 希腊成为海上丝绸之路欧洲首站. 中国民商,2016(9)：68-70.

[23] 韩伟. PCT：串联"丝绸之路经济带"海上珍珠链. 中国远洋航务,2016(9)：68-69.

[24] 郝建秀. 希腊、法国旅游业发展的主要经验及启示. 宏观经济管理, 2001(8): 52-54.

[25] 李信. 希腊旅游服务贸易现状及对策研究. 北京: 对外经济贸易大学, 2014.

[26] 李永亮. 希腊债务危机及其对世界经济复苏的冲击. 商业研究, 2010(12): 151-154.

[27] 刘作奎. 收购希腊比港对"一带一路"建设的重要意义及风险预估. 当代世界, 2016(4): 46-49.

[28] 刘玮. 希腊航运业税收迷局. 中国船检, 2012(12): 24-25.

[29] 刘明礼. 希腊问题何去何从. 中国报道, 2015(8): 40-41.

[30] 刘世宁, 谭建立. 希腊债务危机关键影响因素的实证分析——基于财政支出结构的视角. 太原理工大学学报: 社会科学版, 2016, 34(3): 59-63.

[31] 罗书宏. 希腊国有资产私有化, 中国有机会. 中国对外贸易, 2011(12): 62.

[32] 马煜婷. 希昔之困: 竞争力与投资是破解关键——访希腊驻华大使塞德罗斯·耶奥卡凯罗斯. 经济, 2011(12): 56-58.

[33] 莫劳. 希腊葡萄酒: 酒神之乡的佳酿. 中国食品, 2008(14): 32-33.

[34] 梅新育. 希腊及欧元区危机对中国长远影响不可低估. 中国经贸, 2010(11): 59.

[35] 诺炎. 希腊金融危机对欧盟的影响. 哈尔滨: 哈尔滨工业大学, 2013.

[36] 阮进操, 高世英, 高越英. 希腊债务危机的演变回顾. 中国市场, 2016(1): 120-121.

[37] 孙守纪. 希腊主权债务危机背景下的社保改革. 中国地质大学学报: 社会科学版, 2012, 12(3): 110-115.

[38] 盛硕, 陈华. 希腊退出欧元区的成本、风险及其影响评估. 发展研

究,2013(5):37-40.

[39] 宋文君.基于希腊债务危机下的福利制度研究.西安:西安建筑科技大学,2013.

[40] 文孜.希腊船东成新造船市场最大投资者.珠江水运,2014(14):33.

[41] 王勇.希腊债务危机对希腊政府信用的影响及启示.征信,2012,30(2):74-76.

[42] 王菲.中远海运拿下希腊最大港口 开建中欧快线.经济视野,2016(9):54-55.

[43] 王敏.筑梦瀚海 向海而兴——希腊航运发展历史启示.中国船检,2014(10):96-99.

[44] 黄宇红.希腊债务危机的原因及其影响.中国证券期货,2010(4X):38-39.

[45] 忻华.东亚模式与莱茵模式的部分结合:希腊宏观经济的结构特征及其形成机制.太平洋学报,2010,18(11):60-70.

[46] 谢先泽.希腊债务危机对欧洲一体化的启示.社会科学家,2011(3):78-81.

[47] 徐华.危机之下,希腊航运能否独善其身.中国船检,2015(8):54-56.

[48] 徐华.希腊航运真的"滑铁卢"了吗.中国船检,2015(2):52-55.

[49] 杨惠昶,孙涵.希腊主权债务危机引发的对抗——基于马克思主义政治经济学的分析.当代经济研究,2015(7):13-20.

[50] 杨子岩.希腊危机解除是谁的胜利.农家科技:城乡统筹,2015(7):44-45.

[51] 岳梦媛.后主权债务危机时期中国与希腊经贸合作战略研究.北京:对外经济贸易大学,2015.

[52] 朱智敏.希腊债务危机的现状、原因和对我国的启示,现代管理科学,2015(12):40-42.

[53] 郑巍. 欧债危机背景下的中欧经贸影响因素研究. 中外企业家, 2015(35): 4, 13.

[54] 张永安, 尚宇红. "一带一路"框架下中国—中东欧合作的希望与挑战. 国际商务研究, 2016(4): 23-30.

[55] 张萍, 周元元. 欧债危机阴影下我国企业对希腊的出口风险实例分析. 科教导刊: 电子版, 2015(33): 144.

[56] 朱乃肖, 丁卓琪. 中国企业FDI在希腊经济复苏中的机遇与风险. 经济研究参考, 2013(11): 49-52.

[57] 丹尼斯·舍曼, A. 汤姆·格伦费尔德, 杰拉尔德·马科维茨, 等. 世界文明史. 李义天, 黄慧, 阮淑俊, 等译. 北京: 中国人民大学出版社, 2012.

[58] 曹顺仙. 世界文明史. 北京: 北京航空航天大学出版社, 2006.

[59] 胡笑萌. 你一定要知道的世界地理大全. 长春: 吉林出版集团责任公司, 2010.

[60] 王志艳. 地理百科知识博览. 天津: 天津人民出版社, 2013.

[61] 宋瑞芝. 外国文化史. 武汉: 湖北教育出版社, 1994.

[62] 理查德·E. 苏里文, 丹尼斯·谢尔曼, 约翰·B. 哈里森. 西方文明史: 8版. 赵宇烽, 赵伯炜, 译. 海口: 海南出版社, 2009.

[63] 威廉·麦克尼尔. 世界史: 4版. 施诚, 赵婧, 译. 北京: 中信出版社, 2013.

[64] 维吉尔·莫利斯·希利尔. 希利尔讲世界史. 富豪杰, 译. 北京: 北京联合出版公司, 2016.

[65] 斯塔夫里阿诺斯. 全球通史(修订版): 7版. 吴象婴, 梁赤民, 董书慧, 等译. 北京: 北京大学出版社, 2012.

[66] 约翰·赫斯特. 你一定爱读的极简欧洲史. 席玉苹, 译. 桂林: 广西师范大学出版社, 2011.

[67] 王贵水. 一本书读懂欧洲历史. 北京: 北京工业大学出版社, 2014.

[68] 安得烈·瑟利耶,让·瑟利耶. 中欧人文图志. 王又新,译. 北京:中国人民大学出版社,2008.

[69] N. G. L. 哈德蒙. 希腊史. 朱龙华,译. 北京:商务印书馆,2016.

[70] 依迪丝·汉密尔顿. 希腊精神. 葛海滨,译. 北京:华夏出版社,2014.

[71] 格雷纳. 古希腊政治理论. 戴智恒,译. 北京:华夏出版社,2012.

[72] 厉以宁. 希腊古代经济史. 北京:商务印书馆,2013.